La plus belle
histoire du langage

Pascal Picq
Laurent Sagart
Ghislaine Dehaene
Cécile Lestienne

La plus belle
histoire du langage

Éditions du Seuil
25, bd Romain-Rolland, Paris XIVe

CE LIVRE EST ÉDITÉ PAR DOMINIQUE SIMONNET

ISBN 978-2-02-040667-3

www.seuil.com

Sommaire

Avant-propos

Comment faire surgir des combinaisons d'idées particulières dans le cerveau d'une autre personne? Comment façonner des images dans un esprit étranger? Comment lui faire évoquer à volonté des bribes du passé, des rêves d'avenir, des réalités invisibles ou des êtres imaginaires? Par télépathie? Par une technique secrète de contrôle de la pensée? Non. Il suffit de faire du bruit avec sa bouche. Il suffit de parler. Cette aptitude est si naturelle que nous en oublions à quel point elle est exceptionnelle. Pourtant, le langage est bien l'apanage de notre lignée, celle de l'homme. Aucune autre espèce animale n'a développé un moyen d'expression de la pensée et de communication aussi puissant.

Ce livre est donc l'histoire d'une singularité, d'une exception dans le monde du vivant, d'une particularité précieuse à nos yeux parce qu'elle est peut-être la dernière frontière de l'humain.

L'homme n'est pas le seul animal qui pense. Mais il est le seul à penser qu'il n'est pas un animal. Alors, depuis qu'il sait qu'il est un vertébré poilu allaitant ses petits – autrement dit un mammifère –, depuis qu'il a compris qu'il est le frère, pour ne pas dire le clone génétique, des grands singes (il partage 99 % de son ADN avec les chimpanzés), l'homme se raccroche à ses prérogatives. Mais il les perd les unes après les autres : l'outil, la culture, la conscience de soi et d'autrui… ne sont plus des exclusivités humaines. À mesure que la science progressait, l'orgueilleux *Homo sapiens* a dû s'incliner et identifier des outils chez ces pinsons des Galápagos qui utilisent des épines de cactus pour dénicher les larves d'insectes sous l'écorce des arbres. Il a dû reconnaître une culture à ces macaques qui, après avoir découvert que les patates lavées à l'eau de mer étaient bien meilleures que les patates poussiéreuses, l'ont appris à leurs enfants. Il a dû attribuer une conscience à ces chimpanzés qui se reconnaissent dans les miroirs. À ces grands singes qui font preuve de suffisamment d'empathie pour consoler la femelle éplorée devant le cadavre de son petit ou pour mentir avec aplomb à leurs congénères afin de s'approprier des friandises…

Au rayon des apanages de l'homme, il reste donc un gros cerveau particulièrement plissé. Et le langage. Une faculté fascinante, parce qu'elle sublime les notions d'inné et d'acquis : elle est à la fois profondément inscrite dans notre biologie d'être humain et éminemment culturelle.

Le langage est un instinct, selon la formule du linguiste américain Steven Pinker, un instinct génétiquement programmé : si l'on excepte quelques graves pathologies, tout le monde parle (y compris les sourds dits «muets», qui «parlent» en langue des signes). On n'a jamais rencontré à la surface de notre planète un peuple dénué de langage. Mais bien sûr cet instinct exige un apprentissage, comme à peu près toutes les compétences cognitives et motrices chez l'homme. À la naissance, le bébé humain, particulièrement immature et désespérément peu performant – tout juste sait-il respirer et téter –, doit apprendre à parler comme il apprend à marcher. Seulement, si tout le monde marche peu ou prou de la même façon, il existe plusieurs milliers de langues différentes parlées à la surface de la planète, sans compter toutes celles qui ont disparu... Et les langues, elles, n'ont rien de génétique. Elles sont le pur produit d'une culture, le signe par excellence de reconnaissance identitaire et sociale.

Inégalable pour organiser nos pensées, partager nos idées et nos rêves, manipuler les concepts, argumenter, transmettre les savoirs à l'origine des cultures humaines, le langage a une très belle histoire, qui méritait bien qu'on lui consacrât un ouvrage de cette collection. Elle se raconte à la croisée de multiples disciplines : la linguistique, la paléoanthropologie, les neurosciences, la psychologie, la génétique... On les abordera comme à l'habitude, sans jargon, avec des questions simples voire naïves, pour approcher des domaines de recherche en pleine ébullition sur un sujet qui, on s'en doute, fait couler beaucoup d'encre et de salive.

Premier épisode : les origines. Quel bricolage de l'évolution a pu aboutir à l'apparition de cet instrument langage, si puissant et si singulier ? Comment se sont développés à la fois des aires spécialisées dans le cerveau de nos ancêtres et un appareil phonatoire capable de moduler et d'articuler des sons ? L'histoire de notre condition d'animal communicant s'enracine loin dans notre arbre généalogique. Comme dans toute affaire de famille, il est toujours pertinent d'interroger les parents, frères et cousins. En l'occurrence, les grands singes, et particulièrement les chimpanzés et les bonobos, si proches de nous, si malins, si politiques et si communicatifs dans leur milieu naturel. En laboratoire, ils se révèlent aussi étonnamment doués pour parler en langue des signes ou à l'aide de petits morceaux de plastique de formes et de couleurs variées.

Si on les «écoute» bien, nos frères primates peuvent beaucoup nous apprendre sur les premiers balbutiements de notre lignée. Ensuite, reste à faire parler les fossiles de nos ancêtres pour qu'ils nous livrent des indices sur leur anatomie mais surtout sur leur mode de vie. Fabriquer des outils, exploiter de grands territoires, cuire les aliments, s'occuper de bébés de plus en plus immatures, enterrer ses morts, peindre les parois des grottes, traverser les mers en bateau… autant de signes qui supposent l'accès à la pensée symbolique et, finalement, nous mettent sur la piste de l'émergence du langage.

Pascal Picq, paléoanthropologue, maître de conférence au Collège de France, nous conte ce récit des origines avec sa verve coutumière. Ce chercheur prolixe, que la célèbre australopithèque Lucy a défroqué de la physique théorique (sa formation initiale), n'a décidément pas la langue dans sa poche. Empêcheur de penser en rond, il met les pieds dans le plat, combat les idées reçues et pose les questions qui dérangent, nombreuses dès que l'on touche à la genèse de notre lignée. Ses recherches l'ont conduit à s'intéresser à l'écologie des grands singes, dont il est devenu un défenseur acharné. Mais il s'est surtout consacré à l'étude de l'évolution et de l'adaptation des ancêtres de l'homme, les hominidés. Prenant très au sérieux sa mission de diffusion des connaissances, il est l'auteur de nombreux livres et l'inspirateur d'une chorégraphie de la compagnie Hallet Eghayan tirée de ses travaux sur la bipédie.

Deuxième épisode : la saga des langues. Que sait-on des langues parlées par nos ancêtres ? Les langues d'aujourd'hui descendent-elles d'une seule langue mère ? Une chose est sûre : depuis que le verbe est venu aux hommes, les langues n'ont pas cessé de se diversifier. C'est l'histoire vraie du mythe de Babel qui s'étale sur des dizaines de milliers d'années. Un long feuilleton que les linguistes reconstituent en traquant dans les langues d'aujourd'hui les vestiges du passé. Mais ils s'appuient aussi sur les données de l'archéologie et de la génétique. Le croisement fécond de ces disciplines accroît considérablement nos connaissances sur des langues que l'on croyait définitivement oubliées, particulièrement celles des premiers paysans du néolithique. Et ces paroles retrouvées nous donnent beaucoup de renseignements sur le mode de vie de nos aïeux mais aussi sur leur culture, leur système de parenté, leurs croyances.

Dérouler le fil du temps nous montre que nos « dialectes » ont une vie mouvementée régie par des lois particulières que nous découvrirons. Aujourd'hui, on compte près de six mille langues différentes parlées sur la planète, dont environ huit cents pour la seule île de Nouvelle-Guinée ! Mais cette richesse linguistique est menacée : au moins la moitié d'entre elles auront disparu d'ici la fin du siècle – certains pessimistes avancent le chiffre de 90 % ! Dans cent ans, parlerons-nous tous anglais – ou chinois –, comme nous le prédisent les Cassandre ?

Laurent Sagart, linguiste, directeur de recherche CNRS à l'École des hautes études en sciences sociales, n'est ni catastrophiste ni acrimonieux. Il étudie avec jubilation l'évolution des langues, une passion que lui a insufflée son professeur de grec en classe de quatrième. De son enfance en Dordogne, il a aussi gardé le goût de la préhistoire, et sa connaissance du chinois lui a permis de devenir un des spécialistes mondiaux de la linguistique historique des langues d'Asie orientale. Il regrette que sa discipline soit si méconnue du grand public et œuvre pour que les travaux des linguistes, formidable outil d'investigation sur l'histoire de notre lignée et la pensée humaine, soient mis à la portée de tous. Loin des préoccupations des puristes qui veulent figer la langue – seules les langues mortes n'évoluent pas! –, il plaide pour le plurilinguisme, meilleure arme pour préserver la diversité des langues.

Troisième épisode : comment les bébés apprennent à parler. C'est un perpétuel prodige : un nouveau-né vagissant devient en trois ans un beau parleur, capable de raconter des histoires, de chanter des comptines, un petit génie de la grammaire bien avant d'avoir appris à lire et d'avoir potassé ses conjugaisons. Comment cet apprentissage fulgurant est-il possible? Comment le bébé fait-il pour distinguer la voix de ses parents des autres bruits de l'environnement? Comment reconnaît-il les mots dans un flot continu de paroles? Comment s'entraîne-t-il pour maîtriser la centaine de muscles nécessaire pour articuler? Comment apprend-il la syntaxe de sa langue sans que personne la lui enseigne?

On sait maintenant que ce petit miracle ordinaire se réalise parce qu'à la naissance, et même avant, les circuits neuronaux du nourrisson humain sont préformatés pour apprendre à parler. Depuis quelques années, grâce aux progrès de l'imagerie médicale, on voit fonctionner en direct le cerveau des bébés, et on commence à comprendre comment la parole vient aux enfants. Donc à pouvoir répondre aux questions des parents : faut-il faire écouter du Shakespeare à son bébé pendant la grossesse? Dans une famille bilingue, l'enfant va-t-il mélanger les deux langues dans sa tête? Et pourquoi dit-il «j'ai prendu des bonbons»?

Ghislaine Dehaene, pédiatre, directrice de recherche CNRS dans l'unité INSERM de Neuro-imagerie cognitive, est intarissable sur le sujet. Depuis ses études, elle est fascinée par la mise en place des facultés cognitives chez les tout-petits, et elle passe beaucoup de temps à observer, étudier, monter des expériences pour «regarder» le cerveau des bébés en action – ce qu'elle a fait avec ses trois fils. Elle y voit un enjeu majeur pour la neuro-pédiatrie, qui connaît finalement bien mieux les pathologies graves que le développement normal de l'enfant et qui, du coup, se trouve fort démunie devant les troubles de l'apprentissage, tous ces petits ratés (dyslexie, dysphasie, etc.) que les médecins voient rarement à l'hôpital mais qui empoisonnent tout de même la vie au quotidien, inquiètent les parents et déstabilisent les enfants. Suspendu à ses lèvres – qui rient tout le temps –, on suit, émerveillé, l'extraordinaire cheminement des enfants vers le langage. Ensuite, c'est certain, on écoutera les bébés d'une tout autre oreille...

Au cours de nos entretiens, Pascal Picq, Laurent Sagart et Ghislaine Dehaene m'ont tous les trois cité la même anecdote. La voici, en guise de préambule. C'est l'histoire d'une communauté d'enfants sourds dans une école spécialisée de Managua, au Nicaragua. Au début des années 1980, la première génération de jeunes sourds scolarisés dans l'établissement ne maîtrisait pas la langue des signes: leurs familles ne «signaient» pas et le personnel de l'école non plus, car leur objectif était de les préparer à l'oralisation et à lire sur les lèvres. Au fil des mois, les élèves ont spontanément mis au point un code gestuel pour communiquer entre eux. Mais ce n'était pas un vrai langage, plutôt une sorte de pidgin, de sabir suffisant pour se dire «toi jouer avec moi dans la cour» mais inapte à remplir toutes les fonctions du langage, à accéder à l'abstraction, à émanciper totalement la communication de l'instant, du seul présent des sensations.

La surprise est venue avec la deuxième génération d'enfants entrée à l'école : tout « naturellement », ces jeunes sourds ont transformé cette communication gestuelle en langage des signes doté d'une grammaire, d'une syntaxe... bref, en véritable langue capable d'exprimer toute la richesse et la complexité de la pensée humaine. Faut-il croire que le langage, que l'homme sait ainsi réinventer en toutes circonstances, constitue la première de ses richesses et l'essentiel de son identité ? Au bout de ce livre, on en sera sans nul doute convaincu : *Homo sapiens* est avant tout *Homo loquens*.

Cécile Lestienne

Aux sources du langage

Qui est-il, ce mystérieux primate qui, le premier, dans la nuit des temps, s'est mis à communiquer autrement ? Ce n'est qu'au fil d'une très longue histoire, d'une lente évolution, que, dans le cerveau des *Homo sapiens*, s'est installée cette aptitude inédite : le langage. Grâce à lui, nos ancêtres se projettent dans le passé et l'avenir, se donnent des devoirs, des obligations, et transforment la planète. Mais du cri des singes aux dialogues shakespeariens, le chemin est long.

CHAPITRE 1

Au commencement était le Verbe

Le silence des fossiles

— **Cécile Lestienne** : *Nous sommes le fruit d'une longue histoire. Dans le grand arbre de l'évolution, notre branche, celle de l'homme, s'est séparée de celle des autres grands singes il y a 5 ou 7 millions d'années, quelque part en Afrique. Depuis cette époque reculée, notre lignée a acquis la bipédie, une main particulièrement adroite, un gros cerveau tout plissé et... le langage. Je suppose que les fossiles livrent des indices forts sur l'acquisition de ces premiers atouts. Mais que pouvons-nous bien savoir de l'apparition du langage ? Les paroles ne se fossilisent pas...*

— **Pascal Picq** : Évidemment non. C'est peut-être pour cela que la question suscite autant de discussions chez les experts et fait couler des flots de salive et d'encre. En toute rigueur, l'écriture serait bien la seule preuve absolue que nos ancêtres possédaient un langage. Mais je plaisante : personne n'imagine sérieusement que nos grands-parents aient attendu d'inventer l'écriture, il y a 8 000 ou 10 000 ans, pour se mettre à parler. Si les paroles ne se fossilisent pas, nous avons tout de même des indices... Le problème est bien sûr leur interprétation. Si la question des origines du langage est si cruciale, c'est parce qu'elle est consubstantielle à la définition même de l'homme : le langage est le propre de l'homme. On retrouve cette idée dans beaucoup de textes sacrés, dont le célèbre «Au commencement était le Verbe...». Dans notre culture occidentale, celle du Livre, l'homme est à l'image de Dieu parce qu'il a la capacité de dire, de nommer, donc de faire exister les choses. Tel est l'enjeu : par le langage, par l'acte de dire, l'homme peut créer. C'est formidable ! Un seul exemple : dans ma discipline, la paléoanthropologie, découvrir le fossile d'une nouvelle espèce et lui donner un nom ouvre la porte de la postérité.

– *L'homme est donc un animal de parole, et c'est ce qui fait sa singularité dans le monde du vivant ?*

– L'homme se targue d'être le seul à posséder un langage. La logique veut alors que celui qui parle soit un homme. Cette position n'est pas nouvelle : dans *Le Rêve de d'Alembert* de Diderot, le cardinal de Polignac dit à l'orang-outan du Jardin du roi : «Parle et je te baptise.» Depuis que nous avons accepté, difficilement, de descendre d'un singe, nous n'avons de cesse de distinguer ce qui affranchit l'homme de la condition animale. Le langage est la dernière frontière de l'humain.

– *N'est-il pas présomptueux de penser que nous sommes les seuls à posséder un langage ? Les langages animaux n'existent-ils pas ?*

– Parler de langage chez les animaux est probablement un... abus de langage ! Car le langage humain est bien un mode de communication tout à fait singulier. Les animaux communiquent entre eux par des gestes (le chimpanzé tend la main pour quémander de la nourriture), par des postures (le paon fait le beau pour séduire sa belle), par des odeurs (les félins urinent pour marquer leur territoire, les papillons attirent leur partenaire avec des phéromones), et par une formidable collection de signaux sonores : cris, sifflements, caquètements, grognements, miaulements, sifflements, hulu-lements et autres meuglements. Tous ces signaux permettent une interaction entre deux ou plusieurs congénères. Mais ce ne sont pas, au sens strict, des langages.

La danse des abeilles

– Pourquoi ne peut-on parler de langage pour ces animaux ?

– Pour aller vite, je dirais que la différence entre la commu-nication non verbale et notre langage, c'est la créativité. Bien sûr, on peut s'émerveiller à juste titre devant la beauté du chant des oiseaux, devant la complexité de la danse des abeilles ou des parades nuptiales de l'épinoche, du paon ou des mammifères séducteurs. Mais en fait le répertoire est assez limité. Les animaux communiquent pour appeler (une mère ses petits, un mâle sa femelle ou inversement), pour se défendre, attaquer, se soumettre, alerter, faire leur cour ou saluer… Mais il s'agit le plus souvent de comportements assez stéréotypés : la danse de l'abeille permet à l'insecte de prévenir ses sœurs qu'il y a des fleurs à butiner vers l'est… Elle leur fournit des informations sur la localisation de la nourriture, et c'est tout. Elle ne leur signale pas le joli nuage en forme d'éléphant.

– *D'accord pour l'abeille. Mais qu'en est-il d'espèces aux modes de communication beaucoup plus complexes, comme les dauphins, les baleines, les éléphants?*

– Et les singes! Nous avons encore beaucoup à apprendre des singes, et nous en reparlerons. Ces animaux ont-ils un langage? Je me ferais volontiers l'avocat du diable, et je dirais qu'on n'en sait rien. L'honnêteté scientifique nous oblige à l'admettre: on n'est pas certains que ces espèces n'aient pas accès à la représentation symbolique, c'est-à-dire à ce qui fait la puissance de notre langage sur d'autres modes de communication, avec sa capacité à produire une infinité d'énoncés. Autrement dit, nous ne sommes pas absolument sûrs que certains animaux n'aient pas accès à une forme de représentation du monde, mais nous n'avons, aujourd'hui, aucun indice pour l'affirmer. En revanche nous savons que notre langage n'est pas un simple répertoire de signaux, si complet soit-il, c'est-à-dire que les mots n'expriment pas seulement une émotion («j'ai peur», «je t'aime») ou une sollicitation («donne», «va-t'en»). Ce sont des signes arbitraires qui nous permettent de nous référer à des objets ou à des événements éloignés dans le temps et dans l'espace. Un exemple: nous pouvons certes très bien exprimer les choses par gestes et par mimiques; je peux, du doigt, désigner le stylo rouge sur la table et vous faire signe de me le passer ou, au contraire, vous faire comprendre que je vous l'offre. Mais, sans langage, j'aurai beaucoup plus de mal à vous parler du stylo bleu à marbrures vertes que ma grand-mère, qui l'avait reçu d'une princesse russe exilée, m'a offert pour mon seizième anniversaire en me faisant promettre de le transmettre à l'aîné de mes enfants, lorsque le temps serait venu… Vous voyez, au-delà des objets, des situations, des faits décalés par rapport au contexte concret dans lequel nous sommes, le langage permet également d'exprimer des obligations, des devoirs, des engagements… Ou de faire œuvre de pure imagination.

Appeler un chat un « chat »

— *Pourtant, les sourds-muets peuvent également raconter ce genre d'histoire avec des gestes.*

— Tout à fait, mais les langues des signes sont de vraies langues qui respectent les caractéristiques linguistiques du langage parlé, c'est-à-dire la double articulation et l'« arbitrarité » du signe. La double articulation est le fait qu'avec un nombre limité de sons, les phonèmes, on crée une infinité de mots ou de parties de mots, les monèmes : *rat* n'a pas le même sens que *chat*, les sons « r » et « ch » les distinguent. Au deuxième niveau, les monèmes s'emboîtent à leur tour pour combiner les sens. L'exemple type est celui des conjugaisons en français : *mange, mangeait, mangera…* ou *mange, mangeons, mangez…* Les terminaisons changent le temps et la personne. Je ne suis pas un spécialiste de la langue des signes, mais je sais qu'on y « double-articule » également : on modifie le temps des verbes en éloignant ou rapprochant les mains de soi, par exemple. Quant à l'« arbitrarité » du signe, il s'agit du constat que la relation entre le mot (ou le signe) et ce qu'il désigne est pure convention : votre chat qui mange ou mangera le rat, vous l'appelez *chat* parce que vous êtes française. Vous l'appelleriez *maçok* si vous étiez albanaise, *pi'ifare* si vous étiez tahitienne, *ikati* si vous étiez zouloue… Évidemment, si vous appeliez votre matou *miaou*, cela pourrait paraître moins artificiel. Mais même ce type d'onomatopées est relativement arbitraire : votre chat dit « miaou », mais tout chat anglais qui se respecte dit « meow » devant un coq qui chante « cock-a-doodle-doo », et non « cocorico » comme son cousin français ni « quiquiriqui » comme son cousin espagnol.

– *Représentation, double articulation, arbitrarité du signe... sont donc des caractéristiques du langage humain. On ne trouve pas l'équivalent chez les animaux ?*

– Encore une fois, il reste beaucoup à étudier et beaucoup à comprendre avant de pouvoir vous répondre de manière catégorique. Il faut dire que la plupart de ces recherches sont longues, coûteuses et extrêmement difficiles à mener. On a ainsi beaucoup glosé sur le langage des baleines. On sait qu'elles communiquent entre elles, mais dans leur milieu aquatique naturel il est quasi impossible de percevoir les effets de ces chants sur l'ensemble des individus du groupe, même si les chercheurs ont pu relever quelques éléments pertinents. De plus, leurs codes sociaux sont délicats à interpréter, car ces espèces sont éloignées de nous. Même si l'on pouvait élever des baleines dans un aquarium immense et vivre pendant des mois au milieu d'elles pour les « écouter parler », je ne suis pas sûr qu'on les comprendrait mieux : dans un tel contexte, contrôlé par les hommes, on passerait probablement à côté de la communication naturelle et de ce qui la motive dans la nature. En fait, on n'a jamais décelé l'ensemble des caractéristiques du langage humain chez une même espèce animale. Mais on peut trouver l'équivalent de certaines d'entre elles chez diverses espèces. Des linguistes font par exemple remarquer que le chant des oiseaux est constitué à partir d'unités sonores de base, les notes, qui s'agencent en variations mélodiques différentes : une centaine chez certaines espèces. Cela s'apparente-t-il à la double articulation ? Difficile à affirmer. On peut noter aussi que, chez les étourneaux par exemple, il y a des dialectes, des façons de chanter, des phrasés différents en fonction des populations. Or ces chants envoient des messages : « c'est mon territoire », « je me lève », « je me couche »... Peut-on parler de dialectes ? Peut-être. On a également observé un début de sémantisation chez les vervets.

« *Attention, aigle !* »

– *Des singes doués de sémantique ? Que voulez-vous dire ?*

– Je m'explique. Les vocalisations des primates en général ne possèdent pas le caractère symbolique du langage parlé, mais à la fin des années 1970 des chercheurs en éthologie, Robert Seyfarth et Dorothy Cheney, ont montré que des vervets, ou singes verts, dans une réserve du Kenya avaient trois cris d'alarme différents qui correspondaient aux trois principaux prédateurs susceptibles de les attaquer : le léopard, l'aigle martial et le python. En fait, quand un singe « criait » « attention, léopard ! », les autres membres du groupe, même ceux qui ne voyaient pas le fauve, se perchaient le plus haut possible pour se mettre à l'abri, alors qu'au cri « attention, aigle ! » ils couraient se mettre à couvert, et qu'au cri « alarme, python ! » ils regardaient à terre autour d'eux avant de se réfugier dans les arbres... Et ces cris sont appris : lorsqu'un petit se trompe, il se fait vertement réprimander par un adulte !

25

– *En dehors de ces cris d'alarme, a-t-on identifié des cris qui aient un sens, par rapport à la nourriture par exemple?*

– Pas chez les vervets, ni chez les chimpanzés, qui ont certes des cris liés à la nourriture, mais ce sont des cris génériques : il n'y a pas de cri pour « banane », ni pour « cacahuète », même si l'intensité des cris et les agitations associées dépendent du goût prononcé pour tel ou tel type de nourriture. Le cas des vervets est à ce jour unique dans les annales des primatologues. Mais l'on n'a jamais vu ces petits singes échanger ces cris pour indiquer « tiens, hier, un léopard est arrivé, on a eu drôlement chaud… ». Ou alors on n'a pas su le déchiffrer.

– *Cela n'existe pas dans les annales des primatologues, mais on le trouve dans les annales des ornithologues : je veux parler du cas d'Alex, un perroquet gris du Gabon élevé par l'Américaine Irene Pepperberg. Alex connaît une quarantaine de mots, distingue une carotte d'une banane, un clou d'un marteau et sait les nommer. Il est capable de dire, en bon anglais : « je veux tel objet », et tant qu'il n'a pas reçu le bon il dit « non » et répète sa demande jusqu'à ce qu'elle soit satisfaite. Il connaît sept couleurs, sait compter jusqu'à six et a appris les concepts de pareil et pas pareil. Alex ne fait-il pas preuve de compétences étonnantes, avec sa capacité de catégoriser, de dénombrer ?*

– Vous avez raison. On a longtemps cru que les perroquets ne possédaient qu'une extraordinaire capacité d'imitation : « Coco veut gâteau. » Or l'on voit là que ce perroquet a des facultés extraordinaires. Mais d'une part il s'agit d'un animal de laboratoire surentraîné, et d'autre part Alex ne dira jamais : « Hier, j'ai passé l'après-midi à compter des carottes et des bananes avec Irene. Je n'en peux plus. D'abord je n'aime pas les bananes, je préfère les graines de tournesol. Si ça continue, je vais démissionner.» Alex dira encore moins : «Irene, que je connais depuis longtemps, sait pourtant que je pense qu'elle sait que je n'aime pas les bananes.» Autrement dit, ce perroquet ne fera pas de récurrence, une autre spécificité du langage humain qui permet d'enchâsser des mots ou des propositions dans une phrase complexe, d'où un grand degré de précision.

Le monstre prometteur

— Mais n'est-il pas extraordinaire que notre lignée, seule dans le monde animal, ait inventé un mode de communication aussi efficace et aussi singulier ?

— Vous dites cela parce que vous n'êtes pas un éléphant, dirait l'Américain Steven Pinker. Si vous étiez un éléphant, vous seriez fasciné par l'existence de la trompe ! Comment un organe aussi exceptionnel a-t-il pu apparaître au cours de l'évolution ? Des narines de deux mètres de long, trente centimètres de large et comprenant soixante mille muscles ! Une merveille de puissance et de précision : avec sa trompe, le pachyderme peut arracher des arbres *et* tenir un crayon pour tracer de minuscules caractères, il peut soulever d'énormes fardeaux *et* extraire une épine. Il peut tenir un verre si délicatement qu'il ne le casse pas mais si fort que seul un autre éléphant peut le lui arracher. Avec sa trompe, il respire, boit, siphonne les puits et sent la nourriture (ou un python) à plus d'un kilomètre à la ronde. Il communique aussi en produisant moult bruits de trompette, bourdonnements, sifflements, grondements et autres barrissements… Maintenant que les mammouths – très proches cousins – ont disparu, l'éléphant est le seul animal à posséder un organe aussi formidable. Son plus proche parent terrestre, l'hyrax, a de faux airs de cochon d'Inde et possède un museau des plus banals. Voilà donc une invention insolite de la nature. Et pourtant elle n'étonne pas les biologistes. Aucun chercheur ne soutient que la trompe est apparue d'un seul coup : qu'un beau jour serait né, d'une mère aux narines ordinaires, un éléphanteau au nez avantageux, fruit d'une mutation spectaculaire. Et que ce petit mâle – car bien sûr ce serait un mâle ! – aurait eu un tel succès reproductif que bientôt toute l'espèce se serait retrouvée affublée d'une trompe.

– *C'est la théorie du monstre prometteur ?*

– Tout à fait. Mais cette théorie paraît ridicule pour la trompe d'éléphant. À mon sens, elle l'est tout autant pour le langage, malgré ce qu'en disent certains, comme le très célèbre linguiste Noam Chomsky qui soutient que le langage humain dépend d'un module spécifique de notre cerveau, siège d'une grammaire générationnelle universelle apparu dans notre espèce sans être soumis aux lois de la sélection naturelle. En substance, la communication par le langage implique une combinatoire si sophistiquée dans ses articulations qu'il est trop difficile d'imaginer des systèmes intermédiaires.

– *On ne peut donc pas envisager une mutation génétique qui se serait rapidement répandue dans la population humaine. Pourtant, il existe bien des gènes du langage…*

– Il existe bien des bases génétiques du langage : n'importe quel petit d'homme est capable d'apprendre à parler. Parfois

28

même s'il est anormal, même s'il a un tout petit cerveau : les microcéphales sont capables d'acquérir la parole. À l'inverse, certains désordres génétiques entraînent des troubles de l'apprentissage du langage ; vous en rediscuterez avec Ghislaine Dehaene. Qu'est-ce que cela signifie ? Cela montre que notre cerveau possède des capacités innées pour apprendre un langage, et que ces capacités ont des bases génétiques ; mais cela ne prouve pas qu'elles sont forcément spécifiques.

Les gènes du langage

– *Je ne comprends pas la subtilité...*

– Eh bien, cela signifie qu'il n'y a certainement pas *un* gène du langage, mais *des* gènes du langage, et que ces gènes ne forment peut-être pas un ensemble uniquement dédié au langage. On connaît dans la nature beaucoup de comportements complexes qui sont en fait la résultante de gènes disparates. Regardez l'abeille : elle construit dans sa ruche des alvéoles de cire hexagonales. Pourtant, il n'y a pas *un* gène de l'alvéole hexagonale ; la forme des alvéoles est la résultante de données diverses : la longueur des pattes de l'insecte, les sécrétions, etc. C'est pareil pour le langage : il n'y a certainement pas un seul gène du langage, mais une cohorte de gènes impliqués plus ou moins directement dans l'émission et la compréhension de la parole.

– *Effectivement, un seul gène, cela paraîtrait un peu court pour contrôler une fonction aussi complexe.*

– C'est pourtant ce qui a été dit à propos du gène FoxP2, qui, dans sa forme mutée, entraîne des dysfonctions du langage! Mais bien sûr ça ne peut pas être aussi simple. Car le langage nécessite d'une part des capacités cognitives – ce sont notamment les fameuses aires de Broca et de Wernicke, situées en général dans l'hémisphère gauche de notre cerveau – et d'autre part une mécanique anatomique adaptée, c'est-à-dire une langue très mobile, et en retrait, pour articuler toutes nos voyelles complexes et un larynx positionné très bas (d'où la fameuse pomme d'Adam) dans le pharynx pour nous permettre de moduler les sons. Soit dit en passant, nous le payons cher : cette position du larynx fait que nous ne pouvons pas boire et respirer en même temps et que, chaque année de par le monde, des centaines de gens meurent à cause d'une «fausse route». Vous voyez bien que ces prérequis cognitifs et anatomiques n'ont pas pu se mettre en place d'un seul coup, qu'ils n'ont pas jailli de la mutation magique d'un seul gène mais de changements dans l'expression d'un ensemble complexe de gènes. Dont le fameux FoxP2, d'ailleurs : sa forme mutée affecte aussi bien la partie du cerveau impliquée dans le langage que la morphologie du pharynx. D'un coup, on comprend que ce qui semblait si incroyablement opportuniste, comme l'apparition des aires cérébrales du langage alors que le larynx serait descendu fort opportunément dans le pharynx, n'a rien de si étonnant. Il n'y a rien de surnaturel là-dedans. Tout comme la trompe de l'éléphant n'a pas poussé par miracle.

– *Par miracle, non. Mais cela ne nous explique toujours pas pourquoi nos ancêtres se sont mis à parler.*

– Oh! «Pourquoi?» est une très mauvaise question. Car, en abordant le problème des origines d'un caractère par le biais du «pourquoi», on arrive souvent à une tautologie typiquement néo-darwinienne considérant que tout caractère est une adaptation, sans quoi il ne serait pas retenu par la sélection naturelle. On appelle cela un raisonnement «panglossien», du nom du bon docteur Pangloss inventé par Voltaire dans *Candide*. Il dit par exemple que si la racine de notre nez est saillante, c'est pour que nous puissions porter des lunettes, et, la preuve, nous en portons. C'est évidemment aussi crédible que de penser que les premiers éléphants dotés d'un appendice un peu long se sont dit: «Tiens! C'est pratique ce truc: dans quelques générations, cela nous permettra de soulever les troncs d'arbres et de prendre des douches!»

Les bricolages de l'évolution

– *Mais personne ne dit ça! Vous êtes caricatural.*

– Pas tant que ça. Voyez comment on explique l'apparition de la bipédie dans bien des manuels reconnus: «Nos ancêtres ont quitté la forêt pour la savane. Alors ils se sont mis debout pour pouvoir regarder par-dessus les hautes herbes et surveiller l'arrivée des prédateurs!»

– *Là, je vous l'accorde, c'est un raisonnement carrément lamarckien!*

– Oui. On sait pourtant, depuis Darwin, que l'environnement ne crée jamais rien. La fonction ne crée pas l'organe. La bipédie n'est pas apparue parce que nos ancêtres avaient besoin de voir l'horizon, l'œil n'est pas apparu parce qu'il fallait voir, ni l'aile parce qu'il fallait voler. Ni – certainement pas – le langage parce qu'il fallait parler. L'environnement sélectionne les individus en fonction de ce qui les avantage ou alors il les élimine. C'est aussi simple que cela. Quand les individus affrontent des changements d'environnement, soit ils possèdent des caractères favorables, soit ils ne les possèdent pas. L'environnement ne fait que sélectionner parmi ce qui existe déjà.

– *Oui, mais parfois de nouveaux caractères doivent bien apparaître : sinon nous en serions toujours au stade de l'amibe qui flotte dans l'océan !*

– Bien sûr. Les sources de l'innovation proviennent de ce qu'on appelle les «facteurs internes» de l'évolution : la génétique au sens large et ses potentialités, ses jeux des possibles. Qui sont énormes, bien que nous soyons, avec les grands singes, des espèces complexes dont le génome contient peu de gènes : vingt-huit mille seulement ! Mais la principale source d'innovation, de l'émergence de nouveaux caractères, vient d'une formidable plasticité de l'expression, de la régulation et de la combinaison des gènes. Selon une analogie idoine, c'est comme pour le langage : peu de mots et beaucoup d'énoncés possibles… Reprenons : quand les gènes mutent, de nouveaux caractères apparaissent. S'ils sont délétères, ils sont éliminés ; sinon, ils ont de bonnes chances d'être conservés. Pour reprendre une expression que j'ai forgée : dans l'évolution, les facteurs internes – les gènes – proposent, et les facteurs externes – l'environnement – disposent.

– *Mais comment passe-t-on d'un museau normal à une trompe ou d'un répertoire de cris à un langage articulé ?*

– L'évolution est la reine du bricolage : des caractères neutres, ou remplissant une fonction donnée, peuvent être réutilisés pour tout à fait autre chose. Dans le jargon des biologistes évolutionnistes, on appelle cela une « exaptation » : c'est un caractère – physiologique, anatomique, comportemental ou cognitif – qui n'a pas été sélectionné, mais qui peut se révéler avantageux dans un nouveau contexte environnemental, naturel ou social.

Pourquoi ou comment ?

– *Là, il faut nous donner un exemple.*

– Les ailes des oiseaux, qui au départ devaient servir à attraper des insectes, à parader, ou encore à évacuer la chaleur chez leurs ancêtres dinosaures. Plus près de nous : la bipédie. Dans un raisonnement néo-darwinien, on dit que certains individus parmi les premiers hominidés se tenaient un peu mieux redressés que les autres et que, sensiblement avantagés dans un environnement plus ouvert, ils se sont reproduits entre eux, ce qui a renforcé ce caractère au fil des générations. Selon les théories modernes de l'évolution, on s'intéresse aux contraintes et à la plasticité du répertoire locomoteur des grands singes. On s'aperçoit que tous les grands singes qui se suspendent sont aptes à se tenir et à marcher debout lorsqu'ils se déplacent au sol. Cela signifie que leur répertoire locomoteur sélectionné pour la suspension sous les branches et le grimpé vertical le long d'un tronc d'arbre admet un autre type de locomotion occasionnel, non sélectionné : la bipédie. Lorsque de telles espèces se sont retrouvées en marge des savanes et des forêts, l'aptitude à la bipédie a pu être avantageuse et, dès lors, a été sélectionnée puis renforcée.

— Le langage serait également une «exaptation»?

— Je le pense. D'abord parce que aucune des conditions anatomiques et physiologiques identifiées pour rendre le langage possible ne correspond à un véritable bouleversement. Notre larynx n'est pas entièrement dévolu à la production de sons : il sert d'abord à réguler le flux respiratoire ; la langue est indispensable pour articuler, mais aussi pour la mastication et le goût. Dans notre cerveau, les fameuses zones du langage ne sont pas les seules qui entrent en activité lorsque nous tenons une conversation et, surtout, elles sont impliquées dans d'autres processus cognitifs, comme la reconnaissance des mouvements faciaux. Pour son développement, le langage a utilisé des éléments déjà en place ; c'est un bricolage génial qui conduit à un phénomène d'émergence, autrement dit à une propriété ou une fonction qui ne peut se rapporter à la somme des propriétés des parties qui la constituent. Mais ce qui est difficile quand on parle des exaptations, c'est que cela va à l'encontre du «pourquoi?». Alors que la vraie question est «comment?». J'entends gloser à longueur de colloque sur «pourquoi l'homme s'est mis à parler» : pour faire de la politique, pour transmettre sa culture, pour séduire les femmes, pour raconter des histoires, pour argumenter et convaincre sa tribu qu'il fallait faire ci ou ça.... Il est vrai que notre langage nous permet de faire tout cela. Mais la seule question à laquelle on peut tenter de répondre de manière scientifique est : «Comment les capacités cognitives du langage et notre appareil phonatoire sont-ils apparus?» Je vous le dis tout de suite : nous sommes loin d'avoir la réponse! Mais, en suivant la bonne méthode, on peut émettre des hypothèses, construire un scénario qui sera révisable, amendable en fonction des nouvelles découvertes.

– *Quelle est cette méthode ?*

– Il faut d'abord s'écarter de notre nombril, et remettre l'homme dans sa famille, celle des grands singes : c'est ce qu'on appelle «se placer dans un cadre phylogénétique». Puis on regarde toutes les caractéristiques communes à notre langage et aux modes de communication des grands singes. On peut alors en déduire que notre dernier ancêtre commun, notre DAC, comme disent les évolutionnistes, possédait ces caractères et que cela constituait une préaptitude au langage. C'est en tout cas plausible, voire probable. Ensuite, on élabore un scénario à partir de tout ce que l'on sait des fossiles entre ce DAC et l'*Homo sapiens*. On cherche les indices qui nous permettent d'imaginer comment le langage humain a pu apparaître et se mettre en place dans notre lignée en regard de ce que l'on peut déceler de leur anatomie crânienne, de leur mode de vie et de leurs activités reconstituées par l'archéologie préhistorique. Là, c'est mon terrain et, curieusement, il a été peu exploré dans cette perspective. Donc, première étape : reconstituer le dernier ancêtre commun à l'homme et aux grands singes. Seconde étape : suivre l'évolution des caractères associés au langage au fil de notre lignée.

CHAPITRE 2

Paroles de singes

Dans le cerveau de l'orang-outan

— La première piste à suivre est donc celle de nos cousins les plus proches : les grands singes. Si on examine leur cerveau, qu'y voit-on ?

— Pendant longtemps, on n'a pas vu grand-chose. Pour plusieurs raisons. D'abord, parce que l'on n'avait pas le matériel dont nous disposons aujourd'hui. Mais aussi parce que l'on ne trouve que ce que l'on est prêt à voir. Or on ne s'attendait pas à découvrir des aires du langage dans des cerveaux qui sont tout de même beaucoup plus petits que les nôtres : 350 à 400 cm³ pour le chimpanzé et le bonobo, 500 cm³ pour le gorille, 400 cm³ pour l'orang-outan contre 1 400 cm³ pour l'homme moderne. Mais la taille ne fait pas tout, sinon les femmes parleraient moins bien que les hommes, et les hommes moins bien que les éléphants. C'est aussi une question d'organisation. On s'est d'abord aperçu que le cerveau des chimpanzés, comme le nôtre, était asymétrique : la scissure de Sylvius, par exemple, le profond sillon qui délimite le lobe pariétal, est plus long à gauche qu'à droite. Puis, en 1997, des chercheurs américains de New York ont découvert dans le cortex gauche des chimpanzés un développement du planum temporale, une zone qui, chez l'homme, est impliquée dans le langage.

– *À quoi leur servent ces zones dites du langage puisqu'ils ne parlent pas?*

– C'est à la fois la bonne et la mauvaise question. Ces aires, ainsi que les capacités cognitives qu'elles recèlent, servent dans différentes actions, comme la gestuelle. Il serait dès lors intéressant de savoir comment elles peuvent être également impliquées dans des fonctions de communication symbolique. Ces études-là commencent à peine, et on attend beaucoup des nouvelles techniques de l'imagerie médicale, qui permettent de mieux explorer le fonctionnement du cerveau des grands singes. On a déjà quelques pistes, comme les fameux «neurones miroirs», découverts par Giacomo Rizzolatti dans les années 1980, qui sont particulièrement nombreux chez les singes et encore plus chez les grands singes et les hommes. On les appelle «miroirs» parce qu'ils s'activent de la même façon lorsque nous effectuons une tâche et lorsque nous regardons quelqu'un la réaliser. Ils jouent certainement un rôle important dans les mécanismes neuronaux qui nous permettent d'imiter et d'apprendre, ou qui sont impliqués dans l'empathie, dans les relations sociales, dans la compréhension de ce que fait, voire de ce que pense, l'autre. Or c'est au cœur de ces redondances qu'émergent les exaptations. C'est donc là qu'il faut chercher les origines cognitives du langage humain, qui représente fort probablement un développement du système de reconnaissance de l'action. Et puis, la présence de ces aires dans le cerveau des chimpanzés explique sans doute leurs performances en laboratoire. Des performances véritablement étonnantes : lorsqu'on les entraîne, nos cousins se montrent beaux parleurs.

« *Moi chimpanzé, toi gorille* »

— *Depuis combien de temps essaie-t-on d'apprendre à parler aux singes ?*

— L'idée remonte au moins au XVIIIe siècle. Elle a été formulée par le célèbre lord Monboddo en Angleterre et par le Français Julien de La Mettrie, adversaire de Descartes, certain que l'on pourrait apprendre à parler à un singe pourvu qu'on le prenne assez jeune. Mais ensuite elle a sombré dans l'oubli avec la découverte de la préhistoire et des premiers hommes fossiles : puisque l'on acceptait que l'homme descende d'un singe, on s'est focalisé sur la recherche de l'introuvable « chaînon manquant », et on a laissé tomber nos cousins velus et vivants. Les premières tentatives pour enseigner une langue, en l'occurrence l'anglais, à des chimpanzés ne datent que du XXe siècle. Elles ont toutes échoué, y compris l'une des plus célèbres, l'expérience menée au tournant des années 1940-1950 par un couple de chercheurs américains, les Hayes, qui a élevé un chimpanzé nommé Vicky comme un enfant. Vainement. Au bout de longs mois d'apprentissage, Vicky baragouinait vaguement quatre mots : *papa, mama, cup* et *up*. « Papa, maman, levons un verre », ça sert pour les anniversaires, mais c'est assez limité !

— *Malgré cet échec, on ne s'est pas arrêté là.*

— Non. Il était clair que les grands singes ne pouvaient pas parler comme les humains. Mais, après avoir beaucoup discuté sur leur manque d'intelligence, on s'est aperçu que le larynx des chimpanzés était de toute façon situé bien trop haut pour qu'ils puissent moduler des paroles! C'est alors qu'un autre couple de chercheurs, Allen et Beatrix Gardner, a décidé d'élever une petite femelle chimpanzé, Washoe, comme un enfant sourd et donc de lui apprendre la langue des signes américaine. Dans les années 1970, Washoe connaît un vrai succès auprès des médias, mais elle n'est pas la seule à montrer des talents langagiers. Il y a aussi Koko, une femelle gorille élevée par Francine Patterson en langue des signes, et Sarah, une jeune chimpanzé à laquelle David et Ann Premack enseignent un langage à base de lexigrammes (de petits morceaux de plastique de formes et de couleurs différentes que Sarah manipule pour s'exprimer). Il y aura aussi Chantek, un orang-outan éduqué par Lyn Miles.

— *Une vraie troupe de singes parlants! Et que disent-ils?*

— Pas mal de choses finalement. Washoe, annoncent les Gardner, finit par assimiler environ cent cinquante mots/signes. Elle les combine pour faire de petites phrases du type «moi sortir vite» – ce qu'on appelle le «langage Tarzan». Elle catégorise: elle range les outils avec les outils, les aliments avec les aliments. Comme elle classe les singes d'un côté, les hommes de l'autre. Mais elle se place du côté des hommes! Sarah, elle, manipule autant de petits éléments de plastique. Elle attribue au triangle bleu le sens de «pomme», ce qui montre bien qu'elle sait utiliser des signes arbitraires. Mieux: cornaquée par Roger Fouts, un étudiant des Gardner, Washoe adopte un petit mâle, Loulis, et elle lui apprend à «signer» exactement comme les humains lui ont appris. Tous ces grands singes font la joie de leurs éducateurs. Mais en 1979 l'euphorie générale retombe comme un soufflé.

– Que s'est-il passé?

– Un autre Américain, Herbert Terrace, a publié un article destructeur. Ce chercheur a longtemps travaillé avec un chimpanzé appelé Nim Chimpsky – en référence (humoristique!) au grand linguiste Noam Chomsky. Or, d'après Terrace, Nim n'est pas aussi doué qu'il en a l'air. Il ne produit pas de phrases «primitives», il répète beaucoup, imite essentiellement ses instructeurs. Ses énoncés les plus longs sont très répétitifs: «donner orange moi donner manger orange moi». Pire: après avoir étudié les travaux de ses collègues, Terrace dénonce leurs travers épistémologiques et leurs faiblesses méthodologiques. Il les accuse de surinterpréter les exploits de leurs protégés, de voir des signes là où il n'y en a pas, de déceler des règles de grammaire et de syntaxe dans de simples redondances, etc. L'article de Terrace donne un sérieux coup de frein à ce type de recherche. Pendant une quinzaine d'années, les singes parlants vont pratiquement disparaître de la scène, jusqu'aux travaux de Sue Savage-Rumbaugh sur le célèbre Kanzi.

Les leçons du bonobo

– Kanzi a, je crois, une histoire étonnante…

– D'abord Kanzi est un bonobo, une espèce particulière de grand singe proche du chimpanzé. Les bonobos sont fascinants parce qu'ils sont très malins, pacifistes – ils se battent très peu –, laissent les femelles dominer, et résolvent tous leurs conflits par le sexe! Kanzi est né en captivité au Yerkes Primate Center d'Atlanta. Quelques heures après sa naissance, il est kidnappé par Matata, une femelle dominante qui ne le rendra jamais à sa mère biologique, Lorel. Six mois plus tard, Matata rentre dans un programme d'apprentissage du langage de l'université de Géorgie. Ses instructeurs tentent de lui apprendre à se servir de lexigrammes, mais Matata n'est pas une élève très douée. Kanzi assiste à toutes les leçons données à sa mère, mais n'y prête strictement aucune attention ; les symboles de couleur le laissent froid, il préfère jouer ou se pendre aux mamelles de Matata. Lorsqu'il a deux ans et demi, la mère et le fils sont séparés. Pendant trois jours, Kanzi erre comme une âme en peine dans le labo. Puis, soudain, il montre aux instructeurs qu'il comprend et utilise très bien les dix lexigrammes péniblement assimilés par sa mère. Mieux, Kanzi comprend l'anglais – ou plutôt l'américain – parlé. Aujourd'hui, je crois que Kanzi utilise deux cent cinquante lexigrammes et comprend au moins cinq cents mots.

– Comment est-on certain qu'il comprend réellement ce qu'on lui dit et n'interprète pas seulement l'intonation ou les gestes du locuteur ?

– Parce qu'on l'a testé. Kanzi comprend quand on lui parle au téléphone ! Son éducatrice lui demande par exemple de donner à Sue la photo de Panbanisha, sa petite sœur, et il le fait ! Ses réponses sont justes à 90 %. Dans un documentaire, on voit Sue Savage-Rumbaugh mettre un masque de soudeur sur sa tête pour dissimuler les expressions de son visage et demander à Kanzi de défaire sa chaussure ou de sortir l'aspirateur. Et Kanzi s'exécute ! Quand elle lui demande de mettre la clef dans le frigo, il hésite. Mais est-ce parce qu'il ne comprend pas, ou parce qu'il trouve la consigne absurde ? Ce que l'on a appris avec Kanzi puis avec d'autres, c'est que les grands singes sont *a priori* capables d'apprendre plusieurs centaines de mots. Et même d'en inventer : de dire *oiseau-eau* pour parler d'un cygne, par exemple. Ils les combinent de manière très simple en associant trois ou quatre mots au maximum. Mais il n'est pas sûr en revanche qu'ils utilisent une grammaire, ne serait-ce qu'un simple ordre des mots. Kanzi semble cependant placer systématiquement l'action avant l'objet : il dit « mordre tomate », « cacher cacahuète », et jamais l'inverse.

— *Est-ce là un début de grammaire générationnelle selon Chomsky ?*

— Difficile à dire, car de toute évidence on en est loin. Certains chercheurs disent que les chimpanzés peuvent atteindre le niveau de langage d'un enfant de 2 ans, l'âge où un petit d'homme comprend presque tout ce qu'on lui dit, possède déjà un certain vocabulaire, mais qui se situe juste avant l'explosion linguistique qui va lui permettre d'élaborer de vraies et longues phrases. Mais d'autres chercheurs sont beaucoup plus réticents et pensent que les performances des singes comme Kanzi, si remarquables soient-elles, ne sont pas assimilables aux compétences linguistiques d'un bébé humain parce que ces primates s'expriment spontanément, à 90 %, sur un mode impératif. Ils peuvent manifester des désirs, des demandes type « Kanzi manger banane ou des ordres » (« toi jouer avec Kanzi »)... mais ils sont tout à fait incapables de raconter des histoires (« hier je suis allé me promener avec Sue et j'ai vu des papillons ») ou même d'attirer l'attention, ou de donner des informations sur le monde qui les entoure (« regarde le joli nuage rose »), toutes choses qu'un enfant, même très jeune, est capable de faire.

Le monde selon Chimp

— *Quelle est votre opinion sur la question ?*

— Là encore, je me ferais bien l'avocat du diable. Si les grands singes racontaient un état du monde, serait-on capables de les comprendre ? Je n'en suis pas certain. Évidemment, quand on leur demande de prendre l'orange qui est sur la table et qu'ils le font, on voit bien qu'ils comprennent. Quand ils réclament à leurs instructeurs des séances de « chat perché », cela se traduit par une action immédiate. Ce sont des preuves visibles. Mais si Kanzi racontait son enfance ou ses émois amoureux, saurait-on le décoder ? Quand Washoe et Loulis parlent entre eux, ils semblent inventer des signes. Est-ce une simple gesticulation ou est-ce une sorte de pidgin pour dire : « t'as vu ces gros ploucs, ils ne pigent décidément rien » ? Je ne dis pas que les grands singes sont capables d'accéder à un mode de communication symbolique élaboré. Ni qu'ils n'en sont pas capables. Je dis simplement ceci : nous n'en savons rien. Probablement parce que nous ne nous sommes pas encore posé les bonnes questions. Et aussi parce que nous sommes limités dans notre approche expérimentale.

— *Pourquoi ?*

— Parce que l'on n'a jamais étudié des populations entières de grands singes. Pour une raison évidente : ce sont des études très longues et très coûteuses. Les résultats actuels sont finalement très limités parce qu'ils sont fondés sur quelques individus isolés et non sur un échantillon représentatif. Difficile de tirer des conclusions à partir de travaux menés sur des singes qui n'ont pas le même âge, pas la même origine, pas la même «éducation»… Et qui ne sont pas de la même espèce.

— Justement, on dit que les bonobos seraient plus doués que les autres…

— C'est une vieille histoire. Robert Yerkes, un pionnier de la primatologie au XXᵉ siècle, a étudié deux chimpanzés nommés Chimp et Panzee. Prince Chimp se montrait plus attentif, plus complaisant et plus doué. Ce n'est qu'un demi-siècle plus tard qu'on s'est aperçu sur des photographies que Chimp était un bonobo! Aujourd'hui, Sue Savage-Rumbaugh pense effectivement que cette espèce a une meilleure aptitude au langage. Tout comme Frans de Waal, le célèbre primatologue. Comment le savoir? En tout cas les études génétiques ne montrent pas que les bonobos sont plus proches de nous que les autres chimpanzés. Kanzi est certainement exceptionnellement doué, et Panbanisha, sa petite sœur, aussi. Mais il me semble difficile d'extrapoler les talents d'un ou deux individus à l'espèce tout entière. Après tout, les singes, comme les hommes, ne sont pas égaux: certains sont plus doués que d'autres.

— Kanzi serait-il un «Mozart du langage» dans le monde des bonobos?

— C'est possible. Mais il ne faudrait pas minimiser les capacités des autres grands singes en général, comme les orangs-outans, plus placides mais tellement plus réfléchis. Bien sûr, ils ne racontent pas leur vie. Mais croire qu'ils ne vivent que le temps présent, ne savent pas tenir compte des expériences passées, et qu'ils ignorent toute notion d'action future, serait erroné. Et puis, ces études en laboratoire, si incomplètes soient-elles, ont tout de même montré que nos cousins ont de vraies aptitudes cognitives pour la communication symbolique, prémices au langage. Bien sûr, les conditions du laboratoire sont très particulières. Les expérimentateurs créent artificiellement le consensus : dans la nature, les singes ne se mettent pas d'accord pour décider que le triangle bleu veut dire « pomme » ou que tel signe de la main signifie « cacahuète ». Enfin, ces singes sont surentraînés. Certes, ils ne sont pas comme les enfants – y compris les enfants sourds élevés en langue des signes –, qui, sans entraînement particulier, apprennent à parler quel que soit leur environnement, quelle que soit leur culture, que leurs parents leur parlent ou non. Il n'empêche : le laboratoire ne crée pas *ex nihilo* un « module langage » dans le cerveau de ces cobayes. Il révèle une aptitude cachée, une potentialité que les grands singes ne semblent pas utiliser dans leur environnement naturel, mais qui existe. On en revient au concept d'exaptation : cette potentialité, cette promesse de communication symbolique, devait exister chez notre ancêtre commun. Et notre lignée l'a développée. J'ajoute une observation rarement soulignée : Kanzi apprend le langage parce qu'il désire établir des liens sociaux, en l'occurrence avec les hommes. Nous sommes dans une relation singulière de sujet à sujet appartenant à des espèces différentes, ce que le philosophe Dominique Lestel appelle des « animaux singuliers ».

La politique des singes

— *Et que sait-on des capacités de communication symbolique des grands singes non pas en interaction avec les hommes mais dans la nature ?*

— C'est toujours pareil : pas grand-chose. Et toujours pour les mêmes raisons : cela exige des études longues, coûteuses, et parfois dangereuses. Regardez ce qui est arrivé à la primatologue Diane Fossey : elle a passé sa vie dans la forêt avec des gorilles et elle a été assassinée par des braconniers. Et puis, on se heurte toujours à la principale difficulté de l'éthologie : on ne voit que ce que l'on est préparé à voir. Par exemple, personne ne pensait que les singes étaient capables de faire de la politique, jusqu'à ce que Frans de Waal révèle les manigances des chimpanzés du zoo d'Arnhem aux Pays-Bas : les mâles montaient de vraies coalitions pour renverser le dominant et prendre le pouvoir à un moment donné. D'aucuns, sceptiques, ont prétendu que les singes en captivité étaient peut-être suffisamment dégénérés – ou bien nourris – pour avoir le temps de sceller ce type d'alliance, mais que ce comportement n'existait pas chez leurs cousins en liberté. Sur le terrain, l'équipe du professeur Toshisada Nishida a commencé à regarder différemment les chimpanzés et a pu observer la finesse de leur intelligence sociale, leurs aptitudes à la politique, et comment ils savent faire taire leur rivalité interne pour faire bloc lorsque c'est nécessaire. Aujourd'hui, je crois que nous sommes prêts à observer l'usage d'une communication symbolique... Si elle existe.

46

– *Récemment, le primatologue Christophe Boesch a décrit comment des chimpanzés communiquent en tambourinant sur des troncs d'arbres pour donner à leurs congénères des indications sur le chemin à suivre et sur le temps de repos de la sieste.*

– Cela n'a rien d'invraisemblable. Et Christophe m'a raconté bien d'autres observations encore plus surprenantes : les singes, et particulièrement les grands singes comme les chimpanzés, sont des animaux hautement communicatifs. Et ce n'est pas étonnant : des études ont très bien montré les corrélations entre régime alimentaire, socio-écologie, taille des groupes sociaux et taille du cerveau. En bref : plus le régime alimentaire comprend de la nourriture de bonne qualité nutritive et distribuée de manière discrète dans l'environnement, plus les groupes sociaux sont élargis, plus les individus se déplacent et plus les relations sociales sont complexes. C'est alors que la communication devient le véritable ciment de la cohésion du clan.

– *Un haut degré de communication chez les grands singes correspond donc à une adaptation liée à leur mode de vie ?*

– Exactement : les chimpanzés, par exemple, exploitent un territoire suffisamment grand pour qu'ils aient besoin de partager des informations sur la localisation des ressources alimentaires, celle des pierres qui leur permettent de casser des noix, ou sur la présence d'un prédateur, ou encore sur leur état émotionnel ; et leurs faces dépourvues de poils favorisent l'expression de nombreuses mimiques. Les individus ont conscience de leur propre état émotionnel et intentionnel comme de celui des autres. Un chimpanzé très stressé, par exemple, va se cacher la figure dans les mains pour que les autres ne s'aperçoivent pas de son état. Cette conscience de soi, de son état intérieur et cette empathie pour les autres vont jusqu'au mensonge. Ainsi, un chimpanzé de la réserve de Gombé, en Tanzanie, particulièrement doué pour trouver des bananes cachées par les observateurs. Mais les autres chimpanzés le savent et s'empressent de lui tomber dessus pour s'approprier les friandises. Un jour, il s'aperçoit que les observateurs disposent des fruits dans deux cachettes. Il se dirige ostensiblement vers celle où il y en a le moins. Les autres lui emboîtent le pas, se battent pour les baies, et il profite de la confusion pour filer discrètement et rejoindre en paix l'autre réserve de bananes. Vous voyez : pas besoin du langage pour la prévarication et la manipulation des autres ! Mais, avec le langage, cela deviendra du grand art dans notre lignée.

La parole comme épouillage

— *L'évolution du langage ne doit donc pas être dissociée de celle de la communication ?*

— Le langage n'est pas apparu comme un mode de communication supplémentaire. D'ailleurs, en regardant parmi les fonctions de notre langage humain celles qui sont remplies par les moyens de communication utilisés par les grands singes, on s'aperçoit que notre langage est bien ancré dans un mode de communication plus ancien.

— *C'est-à-dire ?*

— On peut par exemple s'appuyer sur la liste des fonctions du langage établie par le linguiste Roman Jakobson. Il en distingue six. D'abord, la fonction référentielle qui consiste à donner une information, y compris en évoquant des objets ou des personnes qu'on ne voit pas : « il y a du jus de pomme dans la cuisine ». On a vu que cette fonction existait chez les vervets (« il y a un léopard qui arrive »), et on peut en dire autant de la danse des abeilles (« il y a des roses dans le champ au sud »). Mais alors que les animaux restent dans le présent et le concret, notre langage permet d'évoquer l'abstrait, l'inconnu, le passé, l'avenir... Il a une puissance créatrice – parler de Dieu ou de la constante de Planck – qui n'existe pas, *a priori*, dans les autres modes de communication.

– *La deuxième fonction ?*

– Elle permet de traduire les émotions : « génial ! », « zut ! ». Évidemment, même chez nous, le langage n'est pas l'unique vecteur de l'émotion : on exprime joie, colère ou tristesse en tapant dans nos mains, en souriant, en pleurant, en usant de mimiques, en montrant les dents pour rire ou menacer... Les grands singes aussi. La troisième est la fonction phatique, qui vise à établir un contact, à maintenir une relation – ce qui correspond à nos « Bonjour, comment vas-tu ? Il fait beau aujourd'hui... ». Chez les singes, notre obsession de la météo est remplacée par l'épouillage, une activité très importante pour se débarrasser des parasites mais aussi réguler et apaiser les tensions. L'éthologiste Robin Dunbar et le neurobiologiste Jean-Didier Vincent soutiennent que la parole est un super-épouillage, car un individu ne peut épouiller que quelques congénères (difficilement plus de cinquante) alors que la parole permet de haranguer des centaines de personnes. Ce serait donc le langage qui nous aurait permis de passer du clan de quelques dizaines d'individus au maximum à la tribu de plusieurs centaines de personnes, puis à des communautés de plus en plus grandes.

– *Et ses autres fonctions?*

– La quatrième est la fonction conative, qui permet d'agir sur l'autre: «viens ici», «donne-moi le pain». Là encore, la parole n'est pas toujours nécessaire: mon chien est tout à fait capable de me faire comprendre, en m'apportant sa laisse, qu'il veut que je l'emmène promener! Une femelle chimpanzé est tout à fait capable de faire venir ses petits en les tirant par les poils du dos... Mais elle sera beaucoup plus démunie si elle se fait harceler par un jeune entreprenant tandis que le mâle dominant fait semblant de ne pas voir. Comment lui dire: «écoute, mon gars, l'autre m'a tapé dessus, tu dois me défendre»? Difficile d'exprimer des droits et des devoirs sans langage... Enfin, les deux dernières fonctions sont propres au langage humain. Ce sont la fonction poétique ou métaphorique («tes yeux sont si profonds que j'y perds la mémoire») et la fonction métalinguistique, pour réguler son propre discours («tu me suis?»). Selon les chercheurs, on peut distinguer d'autres fonctions, comme celle de prévarication, la narration ou l'argumentation... Nous y reviendrons. Mais l'important est de comprendre que la puissance formidable et singulière du langage humain est bien ancrée dans d'autres modes de communication.

– *À vous entendre, on se dit que le langage aurait pu apparaître dans la lignée des grands singes.*

– Oui, d'une certaine façon la question devient: «pourquoi les grands singes ne parlent-ils pas?». Un philosophe a répondu: c'est parce qu'ils ne veulent pas qu'on les fasse travailler! Plus sérieusement, nous avons évolué dans un environnement différent. Nos lignées ont connu des histoires divergentes depuis le dernier ancêtre commun, il y a 6 à 7 millions d'années. Les ancêtres de notre lignée sont passés de la forêt aux savanes arborées, puis aux savanes plus ouvertes. Ils sont devenus des bipèdes spécialisés, ils ont modifié leur régime alimentaire, inventé des outils et des cultures toujours plus élaborés, leur vie sociale s'est complexifiée… C'est de ce côté-là qu'il faut chercher pour retrouver l'émergence des caractéristiques du langage humain depuis des racines partagées avec les grands singes. L'évolution s'est révélée très bavarde dans notre lignée. Tandis que nos cousins dans leurs forêts n'ont pas développé cette aptitude. Mais ils s'en sont très bien passés !

CHAPITRE 3

Ce que disait l'ancêtre

Les êtres d'Aristote

— *Remontons maintenant le temps pour revenir, il y a 7 millions d'années, à ce fameux dernier ancêtre commun à notre famille, celle des hominidés, et à celle des grands singes africains. Que pouvons-nous dire de son aptitude au langage?*

— Nous savons que dès les origines, dans le monde des forêts, dans un petit cerveau de 380 cm^3 perché sur un individu de 1,10 m maximum pour une quarantaine de kilos, il y avait déjà des aires cérébrales homologues à celles de Broca et de Wernicke, donc des capacités pour la communication symbolique. Le dernier ancêtre commun était sur ce point aussi doué potentiellement qu'un chimpanzé aujourd'hui.

— *Mais nos cousins aussi ont évolué en 7 millions d'années. Ne sont-ils pas aussi différents de cet ancêtre commun que nous le sommes?*

— Si, vous avez tout à fait raison. Trop souvent l'idée d'évolution a été adaptée à l'avantage de l'homme en épousant une idée de progrès et de perfectionnement. Beaucoup d'évolutionnistes ont décrit une série de processus évolutifs passant de grades primitifs en grades évolués, les hommes représentant le grade le plus achevé. On retrouve l'échelle des êtres d'Aristote, sous une version plus scientifique. Soit dit en passant, c'est une représentation très fréquente dans les livres et dans les films : l'arbre de l'évolution qui se déploie, avec l'amibe et la bactérie à son pied, et l'homme au pinacle ! Cette représentation est fausse, bien sûr : les espèces vivantes actuelles devraient toutes être au même niveau de cet « arbre ». Et, dans notre famille, nos cousins les grands singes ont, bien entendu, évolué comme nous, mais dans des circonstances différentes, depuis le dernier ancêtre que nous partageons avec eux. Cela étant dit, les évolutionnistes ont tendance à privilégier l'hypothèse la plus simple, c'est-à-dire le principe de parcimonie qui veut que, lorsqu'un caractère est présent chez des espèces parentes, il existait chez leur ancêtre commun. Bien sûr, rien n'interdit qu'un caractère apparaisse deux fois (après tout, l'aile est bien survenue dans des lignées très éloignées, chez les insectes, les oiseaux et les chauves-souris), mais c'est nettement moins probable. Donc ces structures cérébrales, ces modes de communication complexes devaient soit bel et bien exister chez notre dernier ancêtre commun, soit être potentiellement présents. Dans ce dernier cas, les grands singes africains auraient acquis par la suite des compétences très proches de celles de notre lignée. Tout comme les populations actuelles de chimpanzés d'Afrique occidentale, très douées pour l'utilisation d'outils en pierre et pour la chasse, se comportent aujourd'hui comme les premiers hommes en Afrique de l'Est, il y a 2 millions d'années.

Le gaillard du Kenya

– Qui est ce fameux dernier ancêtre commun dont vous parlez sans cesse ?

– On le situe en Afrique il y a 6 ou 7 millions d'années. Peut-être est-ce Orrorin, ou Toumaï, les plus anciens fossiles de notre lignée découverts à ce jour. Mais rien n'est sûr. Nos connaissances sont aussi fragmentaires que les fossiles : Orrorin est un solide gaillard retrouvé au Kenya. Mais de son crâne il ne reste que la mandibule, pas la boîte crânienne, et nous n'avons que quelques ossements du squelette locomoteur, qui suggère une bonne aptitude à la marche bipède. De Toumaï, son contemporain, retrouvé au Tchad, nous avons le crâne presque complet, avec une face assez courte, notamment dans sa partie inférieure, et de petites canines. Il est assez moderne et, à mon sens, plus proche des homininés (notre lignée) que des paninés (celle des chimpanzés). Le premier vivait dans un milieu arboricole, le second au bord d'un lac, dans un environnement forestier bordé d'un côté par les eaux du lac Tchad et de l'autre par des savanes arboricoles. Objectivement, nous n'avons aucun signe tangible sur leurs aptitudes à la communication symbolique. À moins d'extrapoler sur la bipédie et les petites canines de Toumaï…

– Faut-il marcher debout et avoir de petites canines pour parler ?

– On lit cette affirmation un peu partout, mais elle relève d'un faux raisonnement tautologique : l'homme parle, il marche debout, et il a de petites canines ; donc, si on retrouve l'un de ces caractères chez un fossile, il parle ! Toujours le même raisonnement panglossien! Reste que de petites canines, comme le faible dimorphisme sexuel, font supposer que Toumaï vivait dans des communautés multimâles, multi-femelles avec des mâles apparentés qui se «toléraient» les uns les autres. Et ce type de communauté induit forcément une vie sociale très complexe. Bien plus que celle des gorilles, par exemple, où un mâle, rarement deux, protège un harem de femelles. Tout ce que l'on peut dire, c'est ceci: s'il y a des capacités de communication symbolique, alors plus la vie sociale est complexe, plus elle va les renforcer. Ce qui est déjà très spéculatif.

— *Les fossiles suivants dans l'échelle du temps sont ceux d'*Ardipithecus ramidus *et d'*Ardipithecus kadabba *d'Éthiopie, qui datent de 5,5 à 4,5 millions d'années.*

— Ils sont plus jeunes et un peu mieux connus, mais on ne dispose vraiment d'aucun indice sur leurs aptitudes au langage. De plus, à mon sens, ils sont plus proches des paninés que des homininés, leur base du crâne ressemblant plus à celle des chimpanzés; c'est une région importante pour suivre l'évolution des aptitudes du langage, car elle est située entre le cerveau et le pharynx. Nous y reviendrons.

Les talents de Lucy

— *Alors remontons un peu l'échelle du temps et entrons dans le monde des australopithèques.*

— Là, il y a du monde! En tout cas, on a retrouvé beaucoup plus de fossiles en Afrique de l'Est, du Sud et en Afrique centrale. Un succès que l'on appelle une «radiation adaptative». On connaît au moins cinq espèces différentes datant de 4 à 3 millions d'années: *Australopithecus anamensis, Australopithecus afarensis,* dont la représentante la plus connue est la célèbre Lucy, *Australopithecus africanus,* et *Australopithecus bahrelghazali* (autrement dit, l'«australopithèque de la rivière des gazelles»), auxquels s'ajoute le *Kenyanthropus platyops,* nanti d'un beau cerveau d'environ 500 cm^3... Tous ces hominidés vivent en marge des forêts et des savanes arborées. Ils sont installés près des arbres et de l'eau, mais ils sont capables d'explorer des milieux en mosaïque plus ou moins ouverts – jamais loin des arbres toutefois. Ils vont à la recherche d'une nourriture plus dispersée dans l'espace et dans le temps, car elle varie au fil des saisons. Ils mangent des fruits, bien sûr, des noix, chassent à l'occasion, mais surtout ils déterrent les parties souterraines des plantes, racines et tubercules. Les australopithèques mangent ces plantes coriaces: on a retrouvé des traces d'usure caractéristiques sur leurs dents. Ce qui signifie qu'ils utilisent des outils, des bâtons à fouir notamment. Ce simple ustensile est la preuve que les australopithèques ont développé de nouvelles capacités cognitives: ils sont capables de déceler des nourritures qui ne sont pas repérables immédiatement, ils savent découvrir les plantes qui cachent des tubercules puis creuser, récolter, nettoyer, en tout cas frotter.

– *Mais les chimpanzés n'en font-ils pas autant?*

– Non. Les chimpanzés déterrent rarement les parties souterraines des plantes. J'ai même fait une expérience au zoo d'Arnhem en cachant des oranges dans des endroits très différents: les chimpanzés ont trouvé rapidement toutes celles qui étaient dissimulées dans des caches au-dessus du sol,

mais aucune de celles qui étaient enfouies. Ce qui est intéressant, c'est que racines et tubercules sont coriaces mais
qu'ils ont une bonne qualité nutritive.

– Et qu'indique à vos yeux ce régime alimentaire?

– Ce régime omnivore les oblige à exploiter un vaste territoire, à se disperser à la recherche de nourriture, puis à se
retrouver en un point précis et, là, à procéder probablement
au partage selon des rituels élaborés. Il exige d'acquérir des
connaissances et de les transmettre. Et il a certainement permis de nourrir un cerveau un peu plus gros (380 à 500 cm^3)
et surtout organisé un peu différemment. L'aire pariétale (qui
relie toutes les aires primaires du cortex chez ces hominidés)
est relativement bien développée. Elle répond à la nécessité
d'un traitement multimodal des informations visuelles,
auditives et sensori-motrices et à leur intégration, nécessaire
lorsque l'on vit dans un environnement plus complexe, dis-
parate et changeant. De plus, cette zone, je vous le rappelle,
abrite certaines aires du langage. On peut voir là les fondements neurobiologiques de la parole. Les compétences
sociales et la complexité de la vie en groupe ont requis des
modes de communication plus élaborés pour transmettre
plus d'informations. D'ailleurs, Robin Dunbar a montré
que, chez les singes, le cerveau est d'autant plus développé
qu'ils vivent dans des groupes sociaux contenant un plus
grand nombre d'individus. Cela étant dit, s'ils utilisaient certainement des outils comme le font les singes aujourd'hui
– de gros cailloux pour ouvrir les noix, des branches effeuillées
pour pêcher les fourmis, des bâtonnets pour se curer le
nez –, ces hominidés ne fabriquaient pas encore d'outils en
pierre taillée. On n'a pas trace de cette avancée majeure avant
2,5 millions d'années.

Paroles d'artisans

— Dans les manuels, on associe très souvent l'outil et le langage. Pourquoi?

— Eh bien, on pense que les capacités cognitives nécessaires pour fabriquer un outil et pour parler sont liées. Premier argument: les fameux neurones miroirs. Quand je fais un outil, quand je pense à faire un outil ou quand je dis faire un outil, l'imagerie fonctionnelle montre que, chez l'homme, ce sont les mêmes régions du cerveau qui s'activent! Second argument: tailler une pierre demande de planifier une chaîne opératoire très complexe. D'abord chercher et sélectionner la matière première adéquate, puis effectuer une série de gestes très précis dans un ordre déterminé, choisir les meilleurs éclats, les déposer dans des caches à outils, revenir chercher en cas de besoin un silex tranchant pour découper la viande, un galet aménagé pour désarticuler une proie... Il faut donc pouvoir évoquer des endroits où l'on n'est pas, se situer dans une séquence temporelle... Dans ces activités, on retrouve donc une similitude entre la chaîne opératoire et le langage, entre la série séquentielle de gestes réalisés dans un but précis et une série de phonèmes donnant un message. On retrouve aussi des fonctions du langage comme les aspects référentiels dans l'espace et le temps.

— Vous voulez dire que tailler des pierres et le langage vont de pair?

— D'un point de vue cognitif, certainement, si on se réfère à l'imagerie cérébrale. Seulement, des questions restent ouvertes.

Peut-on par exemple apprendre et transmettre ces techniques, ce savoir-faire, sans utiliser de langage ? Certains, tel le primatologue Frans de Waal, font remarquer que l'artisan est rarement plus disert que le chasseur, et que ce type d'apprentissage se fait par observation et imitation (toujours les neurones miroirs). Reste que l'on est assez étonné par les talents des premiers tailleurs de pierre. On sait par exemple qu'il y a 2,34 millions d'années des hominidés ont traversé la savane herbeuse à l'est du lac Turkana, au Kenya, pour rejoindre les affleurements de basalte émergeant le long des rives. Là, à Lokalelei, les archéologues de l'équipe d'Hélène Roche ont retrouvé plusieurs dizaines de sites de débitage. Des centaines d'éclats et de nucléus attestent de la dextérité de ces tailleurs de pierre, capables de débiter un grand nombre de pièces et de n'emporter que les plus belles. Leur maîtrise de la percussion suppose une excellente connaissance des propriétés physiques de la matière première, quartzite, basalte ou silex. Et ils sont droitiers, ce qui correspond à l'asymétrie plus marquée du cerveau gauche par rapport au cerveau droit, là où se trouvent les aires dédiées au langage.

— *Et qui sont ces habiles hominidés ?*

— On ne le sait pas. Plus exactement, il y a plusieurs candidats. On a longtemps cru que ces activités étaient l'apanage d'*Homo habilis*, l'homme habile, selon la tautologie habituelle : seul un homme pouvait fabriquer des outils, donc des fossiles graciles de l'âge des pierres taillées étaient forcément du genre *Homo*, comme nous les *Homo sapiens*. Il faut dire qu'*Homo habilis* présente bien : sa main — moins longue, plus large, avec des doigts plus courts aux extrémités élargies — ressemble plus à la nôtre, il a une tête plus ronde, un cerveau plus gros que les australopithèques (jusqu'à 680 cm^3), et à l'intérieur de son crâne on distingue parfaitement les traces de l'aire de Broca! Mais aujourd'hui son statut d'homme au sens strict est très controversé, de même que celui de son contemporain *Homo rudolfensis*. Et, pour ce qui concerne le lien entre langage et outils, il n'est certainement pas le seul artisan de l'époque.

Les chasseurs sont des bavards

– *Qui sont les autres?*

– Commençons par *Australopithecus garhi*, une espèce intermédiaire entre les australopithèques de l'Afar (Lucy) et les paranthropes, plus récents. En langue afar, *garhi* signifie *surprise*. Car sa découverte en 1995 en Éthiopie a vraiment été une surprise: cet australopithèque de 2,3 millions d'années, dont le crâne n'a rien d'impressionnant (450 cm^3), a été retrouvé avec des pierres taillées ayant servi à dépecer une antilope! Et, à l'époque, en Afrique orientale et australe vivent également les descendants de Lucy, les paranthropes, plus costauds que leurs ancêtres. Tous ces hominidés s'adaptent à des environnements toujours en mosaïque mais globalement plus ouverts, plus saisonniers et plus secs à cause du changement climatique. Ils jouissent de bipédies plus affirmées et tous possèdent des cerveaux relativement plus développés alors que la taille corporelle moyenne n'a pas changé. Est-ce que tous ces hominidés taillent la pierre? Peut-être que certains fabriquent des outils et que d'autres les leur «empruntent»!

– *Ce sont des chasseurs. Or on associe aussi souvent la chasse et le langage…*

– Les chimpanzés chassent très efficacement sans se parler ! Comme si, d'ailleurs, on chassait en bavassant ! Toujours ces corrélations stupides en toute ignorance de la vie des autres grands singes ; on croyait que seul l'homme chassait, et parlait, donc… Encore Pangloss ! En fait, ce qui est plus intéressant du point de vue du langage, ce n'est pas la chasse, mais toutes les interactions sociales complexes autour du partage et de la consommation des proies. Pour ce qui est de ces « premiers hommes », ils ne chassent que des proies de petite et moyenne taille et charognent les carcasses des grands herbivores morts. Là aussi, ce sont l'organisation dans l'exploitation de ces carcasses, le choix des parties consommées sur place – cervelle, langue, viscères – et de celles découpées puis emportées pour être préparées dans des ateliers de boucherie et enfin consommées qui témoignent de modes de coopération et de communication plus complexes.

– *Finalement, peut-on dire qu'ils ont la parole ?*

– C'est encore hypothétique, mais leur mode de vie montre à l'évidence qu'ils possèdent les capacités cognitives de percevoir, de comprendre et d'organiser plus efficacement leurs environnements naturels et sociaux. Et, dans ce contexte, les aptitudes à la communication symbolique ont pu être renforcées. Leurs mains sont plus adroites, leur cerveau est un peu plus gros que celui des australopithèques et surtout les petalia, les asymétries cérébrales, sont plus marquées et les aires pariétales plus développées. On retrouve des traces des aires de Broca et de Wernicke uniquement chez les « premiers *Homo* » mais on ne peut pas en conclure que les paranthropes n'en ont pas : chez les chimpanzés, ces zones ne « s'impriment » pas sur l'endocrâne. Quant à leur possibilité de moduler les sons, on ne pourrait en avoir une idée qu'en examinant leur larynx, ce qui est impossible puisqu'il ne se fossilise pas, comme toutes les parties molles. Notre seul indice est la base du crâne, dont on pensait que la forme plus ou moins fléchie était corrélée à la position du larynx (elle est très fléchie chez l'homme actuel et plate chez les grands singes actuels.) Or elle est très fléchie chez les paranthropes et bien moins chez les « premiers hommes », ce qui fait un peu désordre. En fait, la corrélation entre la flexion basicrânienne et la position du larynx est loin d'être affirmée. Ces hominidés ne pouvaient probablement pas articuler. Mais attention ! Nous réfléchissons toujours à partir de notre appareil phonatoire actuel. Or peut-être a-t-il existé plusieurs types de phonation, à l'instar des bipédies. Pour ma part, je ne pense pas que le larynx soit descendu avant que nous ne nous soyons mis à courir.

« Ar-ti-cu-le ! »

– *Autrement dit, nous articulons parce que nous courons ?*

– C'est une hypothèse proposée par Yves Coppens et moi-même. Il y a un peu moins de 2 millions d'années est apparu *Homo ergaster*, à mon sens le premier vrai homme. *Homo ergaster* est beaucoup plus grand – plus de 1,60 m alors que tous les hominidés contemporains ou plus anciens ne dépassaient pas 1,30 m –, il a un plus gros cerveau, mais surtout c'est un bipède moderne. Il est parfaitement adapté aux longues marches dans la savane et, contrairement à tous ses prédécesseurs et ses contemporains, il peut courir debout. D'ailleurs il se déplace beaucoup, c'est un migrant : il va quitter l'Afrique pour conquérir l'Asie et l'Europe. Mais marcher longtemps, et surtout courir, exige une physiologie de la respiration adaptée. La cage thoracique d'*Homo ergaster*, d'abord en forme de cône comme celle des autres hominidés, s'élargit peu à peu pour adopter une forme en tonneau comme la nôtre. Et son larynx descend. Vous voyez, dans cette hypothèse nous sommes bien dans un processus d'exaptation : le larynx n'est pas descendu parce que nous devions parler mais parce que nous nous sommes mis à courir. Cette évolution a eu pour effet secondaire de nous permettre de moduler les sons. D'ailleurs, l'innervation de la partie supérieure de la cage thoracique d'*Homo ergaster* est plus dense et plus importante, si on se fie à la taille des trous – ou foramens – par lesquels émergent les nerfs de la colonne vertébrale. À l'évidence, ces hommes contrôlent mieux leur souffle comme leur larynx.

– *Et de l'autre côté de la base du crâne, du côté du cerveau ?*

– *Homo ergaster* a un cerveau plus grand que les autres hominidés tout simplement parce qu'il a une plus grande stature. Seulement, toutes les parties du cerveau n'augmentent pas en proportion. Les aires primaires et secondaires ne sont guère plus développées chez nous que chez les chimpanzés ; de ce fait, et d'une certaine manière passivement, les aires intermédiaires, ces aires d'association si importantes où se situent celles du langage, se retrouvent plus étendues. On comprend mieux ce qui jusqu'à présent nous semblait assez miraculeux. L'émergence du genre *Homo* est associée à des changements de taille corporelle et à des modifications de la partie supérieure du corps, dont certaines sont dues à des contraintes de développement qui lient le pharynx et le cerveau, comme l'indique le gène FoxP2. Exaptations et bricolages de l'évolution! Très vite, les *Homo ergaster* vont en tirer avantage et engager la fabuleuse expansion du genre *Homo* alors que toutes les autres lignées de notre famille entament leur déclin.

Premières communications

– *Vous pensez donc que les* Homo ergaster *sont les premiers bavards de notre lignée?*

– Je pense en tout cas que la socio-écologie de ces premiers hommes exige une sorte de nouveau pacte social. Et, par là, une communication suffisamment développée pour transmettre des informations qui concernent l'espace, le passé, l'avenir, les actions, les devoirs, les obligations…

– *Quels indices avons-nous?*

– Alors que les autres hominidés utilisent avec discernement les ressources de leur environnement, les *Homo ergaster* le transforment. Ils construisent des camps : on a relevé des traces d'habitat vieilles de 1,8 million d'années. À l'extérieur, ils installent des ateliers de boucherie. Ce sont d'ailleurs de véritables chasseurs – et de bons collecteurs de végétaux – qui exploitent des territoires très étendus. Vers 1,6 million d'années, ils inventent le biface : des pierres de forme épointée et symétrique entièrement taillées sur les deux faces… La fabrication et le façonnage de ces outils superbes trahissent un désir d'efficacité et une recherche du beau dans l'équilibre des formes. Plus encore, les retouches qui permettent de telles performances témoignent de capacités de récursivité; selon l'homologie cognitive entre le geste et la parole déjà soulignée, il est tout à fait plausible de considérer que cela se retrouve dans leur langage. Nos ancêtres fabriquent également des hachereaux, des sphères en pierre et très certainement toute une panoplie d'outils et d'instruments divers en bois: bâtons à fouir, épieux… et bien d'autres objets et ustensiles que l'on ne retrouve pas. Et ils vont chercher la matière première (roches et galets, et plus tard ocre) à des dizaines de kilomètres… Toutes ces activités exigent que les membres du clan se dispersent sur de grandes distances. Et pourtant, il faut bien maintenir la cohésion sociale. D'où la nécessité de communiquer. On peut aussi imaginer, même si on n'a aucun moyen de le savoir, que ce mode de vie ait induit une division des tâches entre les sexes: hommes chasseurs et femmes cueilleuses se retrouvant au camp de base pour partager les fruits de leurs activités respectives… Mais cela est peut-être trop «humain» au sens *Homo sapiens* récent pour être vrai. Toutefois, dans cette hypothèse, il est difficilement concevable que les hommes aillent à la chasse en encourant le risque de se faire piquer leurs femmes, ce qui constituerait un paradoxe d'un point de vue évolutif. Il faut donc pouvoir se rassembler le soir, organiser le travail de chacun, la protection des femmes et des enfants… D'où, encore une fois, la nécessité d'une communication très élaborée.

*— Le chercheur en sciences cognitives Jean-Louis Dessalles avance que le goût d'*Homo ergaster *pour les migrations est également un argument en faveur de l'apparition du langage à cette époque: pour communiquer aux autres membres du clan le*

désir de partir et de conquérir d'autres terres, il faut pouvoir argumenter...

– *Homo ergaster* a en effet très tôt quitté le berceau africain pour se répandre aussi en Asie et en Europe. L'argument est intéressant, mais je ne le trouve pas suffisant et encore moins nécessaire, car *Homo ergaster* n'est pas sorti d'Afrique tout seul : il est sorti avec des lions, des hyènes, des léopards, des éléphants, les ancêtres des mammouths... C'est toute une communauté écologique qui s'est déplacée. Je n'y vois donc pas une volonté de migration, mais un simple phénomène de dispersion imposé par des changements climatiques (à cette époque, on entre dans les âges glaciaires).

« *Miam-miam* » et « *glouglou* »

– *Si le langage remonte à des temps aussi reculés, ressemblait-il, à sa naissance, à notre langage d'aujourd'hui ?*

– On n'est certainement pas passé abruptement du cri de singe à la tirade shakespearienne. Je suis de ceux qui pensent qu'il y a un ou plusieurs stades de proto-langage. Beaucoup d'hypothèses ont été émises sur la question. Certaines sont vraiment amusantes, comme la théorie « ouah-ouah », selon laquelle nous aurions commencé à parler par onomatopées : *cui-cui* pour désigner l'oiseau, *glouglou* pour boire, etc. Ou encore la théorie « miam-miam » : le premier son aurait été *mmm*, le bruit du nourrisson qui réclame la tétée... Je suis assez intéressé par la théorie de l'Américain Derek Bickerton. Ce linguiste a beaucoup étudié les pidgins, qui ne sont pas de vraies langues, mais des codes de communication que des adultes de communautés différentes mettent spontanément en place lorsqu'ils doivent cohabiter. Un pidgin, c'est un vocabulaire limité et des phrases minimales dépourvues de syntaxe : « toi Tarzan, moi Jane », « moi, faim ! », « demain, nous dormir », etc. Cette forme de communication, qui ressemble au babil des très jeunes enfants (« papa parti », « maman, encore gâteau ») et à celui de nos jeunes grands singes instruits, serait un vestige, dans notre répertoire comportemental, de notre proto-langage ancestral.

– *Comment ce proto-langage a-t-il pu ensuite évoluer ?*

– Une des étapes majeures, à mon sens, est la domestication du feu, il y a environ 500 000 ans. Certes, nos ancêtres avaient apprivoisé le feu bien avant – on en retrouve des traces vieilles de 1,4 million d'années –, mais ils n'ont vraiment aménagé de foyers qu'à partir d'un demi-million d'années. C'est l'époque des fameux *Homo erectus* qui s'établissent un peu partout dans l'Ancien Monde. J'aime à penser que le feu leur ouvre le monde de la nuit. Un monde propice à l'imaginaire, à l'émerveillement, à la crainte aussi. On peut les imaginer, le soir à la veillée, à la lueur des flammes qui projettent d'étranges ombres sur les parois, se racontant des histoires, commençant à inventer la condition humaine… Car on oublie trop souvent que les récits qui constituent les traditions portent les fondements des valeurs des sociétés. Jean-Louis Dessalles soutient par exemple que le langage a été sélectionné pour cela : raconter des histoires. Les linguistes Morten Christiansen et Simon Kirby soulignent avec pertinence que les êtres humains pourraient vivre et communiquer sans faire de phrases (d'ailleurs, nous avons vu que la plupart des fonctions de communication attribuées au langage se retrouvent chez les grands singes). Le langage aurait donc développé ces infinies capacités de narration moins pour des raisons de survie que parce qu'elles nous permettent de faire des choses intelligentes dans le cadre de notre vie sociale. Un autre, Bernard Victorri, insiste sur une fonction aussi sociale que politique : la capacité d'argumenter. Ainsi, les beaux parleurs – au masculin comme au féminin – auraient eu un meilleur statut social et joué un rôle important dans la communauté (pour résoudre les conflits, prendre les décisions, etc.). Partant, ils auraient accru leur succès reproductif, ce qui aurait disséminé leur plus grande aptitude au langage. Car, évidemment, la narration exige que l'on dépasse le stade du pidgin « moi Tarzan, toi Jane » pour un langage plus élaboré doté d'une grammaire.

La chance des prématurés

– *Tout cela n'est-il pas hautement spéculatif ?*

– Je vous l'accorde jusqu'à un certain point. Mais les nouvelles coopérations des *Homo ergaster* puis des *Homo erectus* au sens large sont difficilement concevables sans un langage élaboré. De plus, il est tout à fait certain que la domestication du feu a changé non seulement la vie des hominidés, mais aussi leur morphologie. Car le feu permet de se chauffer, de se protéger... et de cuire les aliments. Or la cuisson rend la viande plus savoureuse mais surtout l'amidon des végétaux plus digeste. D'où un gain d'énergie énorme. Cette innovation technique et culturelle va avoir un effet très important sur leur évolution anatomique : elle va favoriser l'accroissement du cerveau. Vous savez que notre cerveau est un désastre écologique : il ne représente que 2 % de la masse corporelle mais pompe 20 à 25 % de l'énergie que nous consommons par jour ! La cuisson des aliments a donc permis de faire sauter un verrou physiologique et métabolique qui va donner la grosse tête aux hommes : leur capacité crânienne va atteindre 1 400 cm^3. Évidemment, cet accroissement ne se réalisera pas sans ouvrir des potentialités cognitives nouvelles. Sans oublier une conséquence, certainement capitale, de cette augmentation du volume cérébral : l'altricialité secondaire.

– *Autrement dit, le fait que les femmes ont commencé à mettre au monde des bébés au cerveau de plus en plus immature... Cela a joué un rôle dans l'émergence du langage ?*

– Certainement. En fait, une bipédie efficace est complètement incompatible avec la mise au monde de nouveau-nés à grosse tête : courir se paie par la mise en place d'un bassin étroit ; car non seulement l'évolution bricole mais elle n'est pas parfaite ! À partir du moment où le cerveau des hominidés a commencé à croître de façon notable, la seule solution pour que les femmes ne meurent pas en couches a été de faire naître des « prématurés ». Aujourd'hui, le cerveau d'un bébé humain à la naissance est très petit : environ 25 % de sa taille adulte. Et sa croissance se poursuit pendant au moins dix ans. À comparer avec le cerveau d'un petit chimpanzé qui représente déjà 40 % de sa taille adulte et qui ne grandit pratiquement plus après 2 ans.

– *Conséquences ?*

– La première conséquence de cette prématurité est que la croissance du cerveau se poursuit essentiellement hors de l'utérus maternel, stimulé par toutes les informations reçues du monde qui l'entoure ; dans un «utérus culturel», en quelque sorte. C'est cette longue période d'apprentissage qui permet à l'enfant d'apprendre tant de choses. Et notamment à parler. Car le langage est une compétence complexe qu'il met des années à acquérir, ce que Ghislaine Dehaene va nous expliquer plus loin... La deuxième conséquence est d'ordre social : la dépendance de ces bébés inachevés est telle qu'elle implique une organisation familiale et sociale particulière. Pour le moins une pression de sélection sur les femmes pour qu'elles élèvent ces petits si fragiles. Et donc, peut-être, la nécessité d'un investissement parental du père. Si l'hypothèse est juste, elle plaide en faveur du développement du langage pour échanger des informations, exprimer des devoirs et des obligations, et raconter des histoires.

– *Parce que, dans le genre* Homo, *pour être père, il faut parler ?*

– On peut très bien supposer que c'est à partir de ce moment-là qu'a commencé le «Tiens ! Bonjour, chérie. Qu'est-ce que tu as fait aujourd'hui ?». Sans plaisanter : à partir du moment où il y a un investissement paternel, il y a probablement une mise en place de la monogamie, ou pseudo-monogamie, caractéristique de notre espèce. Car partout dans le monde animal les mâles n'ont guère intérêt à s'occuper des rejetons qui ne sont pas les leurs. Et c'est là que tout se complique, surtout dans un groupe où vivent des mâles et des femelles adultes ! La monogamie est rare chez les mammifères et, dans ce cas, ils sont territoriaux, pas sociaux. Vivre dans un clan de plusieurs femmes et hommes adultes et élever des petits particulièrement dépendants demande des codes, exige des moyens de communication élaborés pour lier le père à la mère. Voire le père à l'enfant. Pour construire des rapports d'engagement, de réciprocité, de devoirs, et pour établir des liens familiaux, le langage est un outil inégalable. Vous remarquerez que dans toutes les sociétés humaines les structures de parenté sont extrêmement codifiées et fondent l'identité de l'individu – je renvoie aux travaux de Claude Lévi-Strauss et de son école. On peut toujours dire qui est le père, que ce dernier soit culturellement le géniteur ou le frère de la mère, ou encore quelqu'un d'autre.

Le secret de Neandertal

– *Mais reprenons le fil de l'histoire... Le cerveau des hominidés s'est mis à grossir de façon notable, les enfants ont bénéficié d'une période d'apprentissage de plus en plus longue, propice à l'acquisition du langage... Que s'est-il passé par la suite?*

– Disons, pour faire simple, qu'à l'ouest de l'Ancien Monde émergent alors deux lignées: celle de l'homme de Neandertal, ou *Homo neanderthalensis*, et celle de l'homme moderne, les premiers *Homo sapiens*. Morphologiquement, on les distingue très bien: l'homme de Neandertal est costaud, râblé, avec une tête en forme de ballon de rugby. L'homme moderne est plus gracile, sa tête est ronde comme un ballon de foot avec un menton. Culturellement, en revanche, on ne peut les distinguer: ils fabriquent et utilisent les mêmes outils. Des outils de plus en plus élaborés et sophistiqués grâce à un nouveau procédé de débitage, la technique dite «Levallois», qui nécessite une série complexe de récursivités. Ils construisent des abris, ils ont les mêmes techniques de chasse. Et surtout ils enterrent leurs morts. Les premières sépultures datent de – 100 000 ans, mais les premières traces de rituels funéraires remontent à – 200 000 ou – 300 000 ans. Et je crois qu'à partir du moment où une population enterre les défunts, elle a accès à un mode de représentation symbolique qui implique des fonctions narratives et créatrices propres au langage. Les rituels funéraires évoquent une forme de spiritualité, exigent de partager une vision du monde, le souvenir du défunt, une croyance dans un au-delà... À mon sens, il n'y a plus de doute : à cette époque, les hommes parlaient comme nous ; pas nos langues, mais des langages aussi complexes.

– *Pourtant, certains chercheurs dénient à Neandertal la faculté de parler, ou du moins pensent qu'il ne parlait pas comme nous.*

– Il n'y a effectivement aucune raison pour qu'il ait parlé exactement comme nous – peut-être articulait-il d'autres sons... Des chercheurs affirment qu'il ne pouvait pas prononcer toutes les voyelles. Cependant, je me méfie de toutes ces reconstitutions qui ne cherchent qu'à rabaisser Neandertal. Il est possible que celui-ci ait eu des modulations plus « nasales » des sons, car son squelette facial contenait des fosses maxillaires importantes. Mais, au vu des données archéologiques attestant des activités techniques et culturelles des néandertaliens, il n'y a aucune raison de penser qu'ils ne parlaient pas de langues aussi complexes que les nôtres. Nous touchons là un travers inacceptable de la culture occidentale, hérité de l'anthropologie raciste du XIXe siècle, qui prétend que les langues occidentales sont plus évoluées et plus complexes que celles des peuples qualifiés de « primitifs ». Or Claude Lévi-Strauss et les linguistes modernes ont clairement démontré qu'aucune famille de langue actuelle est moins complexe qu'une autre. Alors imaginez quand on évoque Neandertal... Même si on adhère à la thèse – aussi réductionniste que contestable – qui veut que les néandertaliens aient emprunté aux hommes modernes toutes leurs techniques, leur goût apparemment tardif pour les parures et leurs rituels, comment auraient-ils pu les diffuser dans leurs populations sans langage? On ne saura probablement jamais comment ils parlaient. Mais le fait que les hommes de Neandertal aient échangé avec les hommes de Cro-Magnon, autrement dit nous-mêmes, cela peut difficilement se concevoir sans langage. Alors qu'il y a des recherches très poussées pour établir s'il y a eu des échanges génétiques entre Neandertal et nous, personne ne se pose la question d'un langage pidgin entre ces hommes. Cela me laisse... sans voix.

*– Reste que, vers – 50 000 ans, on voit émerger chez les Cro-Magnon l'art sous toutes ses formes : peinture, gravure, sculpture, représentations abstraites et figuratives, instruments de musique... Il s'agit d'une vraie révolution culturelle, qui ne s'accompagne pas d'une évolution morphologique : ces artistes ne se distinguent pas physiquement de leurs prédécesseurs. Les néandertaliens ne prennent pas le train de cette révolution et disparaissent quelques milliers d'années plus tard. Peut-on imaginer que c'est le langage qui a fait la différence? Un langage plus efficace qui aurait donné à Cro-Magnon un avantage sur les néandertaliens mais aussi sur les autres populations d'*Homo sapiens *plus archaïques?*

– Il revient toujours aux vainqueurs de raconter l'Histoire. Trop d'anthropologues associent une population d'*Homo sapiens*, en l'occurrence Cro-Magnon, à une organisation sociale plus efficace, une nouvelle technologie, l'émergence de l'art et, bien entendu, l'invention d'un véritable langage symbolique… Cela me fait penser au mythe du peuple élu revisité par d'autres mythes modernes. C'est trop beau, trop simple pour être scientifique. Les zones d'ombre qui entourent l'émergence des *Homo sapiens sapiens* que nous sommes aujourd'hui sont loin d'être toutes levées. Tout comme le mystère de la disparition des néandertaliens, il y a 35 000 ans, n'est pas encore résolu. Néanmoins, on ne saurait passer à côté de l'explosion symbolique d'*Homo sapiens sapiens*. Ni se désintéresser de ses innovations technologiques, par exemple la navigation. Qu'est-ce qui a poussé ces hommes du paléolithique à aller en Australie puis vers les Amériques et, plus tard, vers les îles d'Océanie ? Rien, si ce n'est l'émergence du langage et de ses fonctions. On ne peut pas, en effet, expliquer ces migrations par des pressions démographiques ou des problèmes de survie. Mais aller en Australie, de l'autre côté de l'horizon quel que soit le niveau des mers, exige un récit sur le monde qui, plus que les plus belles embarcations, transporte les hommes. L'expansion d'*Homo sapiens* vers les nouveaux mondes, les mutations du néolithique et aujourd'hui la conquête de Mars viennent de nos représentations du monde et de notre besoin viscéral de raconter des histoires. Notre Préhistoire et notre Histoire viennent des histoires de nos ancêtres. À méditer pour notre avenir sur la Terre.

La saga des langues

Au départ, il y a quelque 200 000 ans, ils ne formaient sans doute que de petites bandes, des clans. Habiles, intelligents, ils étaient forts de leur nouveau talent : une langue. Un outil inouï, pour mieux communiquer. N'y a-t-il eu, à l'origine, qu'une seule, une même langue mère qui s'est ensuite ramifiée en d'autres langages plus subtils ? À mesure que les hommes colonisaient la planète, leur expression s'est en tout cas diversifiée en un véritable foisonnement. Voici comment...

CHAPITRE 1

Mystérieuse langue mère

Le premier clan

– **Cécile Lestienne** : *Nous avons quitté Pascal Picq au moment où les* Homo sapiens *ont acquis toutes les caractéristiques de l'homme moderne : un cerveau au cortex hyperdéveloppé, un menton, et bien sûr le langage. Parlaient-ils tous la même langue ? Autrement dit, a-t-il existé une langue mère ?*

– **Laurent Sagart** : Avant de vous répondre, il faut bien distinguer *langage* et *langue*. La langue relève de la culture : vous parlez la langue de votre milieu socioculturel, en l'occurrence le français. Vous auriez été adoptée à un âge tendre par des Chinois de Canton, vous parleriez cantonais ; et vous vous exprimeriez probablement en wolof si vous aviez été élevée par des parents sénégalais. En d'autres termes : votre langue maternelle ne dépend aucunement de vos gènes. Alors que le langage, lui, est une faculté ancrée dans la biologie de notre espèce : comme le disait Chomsky, tous les humains – même les plus stupides – parlent, et aucun singe – même le plus brillant – ne parle. Et on verra dans la troisième partie, avec Ghislaine Dehaene, que l'apprentissage d'une première langue se fait dans des conditions très particulières. Le bébé apprend tout seul, sans suivre un enseignement, avant l'âge de 4 ans environ. Au-delà de 6/7 ans, l'enfant ne peut plus apprendre une langue maternelle correctement. Ces dispositions innées pour le langage et son apprentissage font partie de notre héritage biologique. Ce sont peut-être ces facultés qui ont donné à *Homo sapiens sapiens* l'avantage qui lui a permis très rapidement de supplanter les autres espèces d'hominidés à la même époque.

– *Mais cela n'exclut pas l'idée que nos prédécesseurs aient pu être dotés d'un «proto-langage».*

– Cela ne l'exclut pas du tout. Il est tout à fait possible – il semble d'ailleurs vraisemblable – que des espèces d'hominidés antérieures à l'espèce actuelle aient possédé une capacité de langage. Les différents groupes humains prémodernes, en Afrique et ailleurs dans le monde, comme les néandertaliens en Europe, auraient parlé, disons, non pas des «proto-langues», parce que les proto-langues, pour les linguistes, sont les langues ancestrales des langues modernes, mais des «prélangues», c'est-à-dire des langues plus rudimentaires que les langues actuelles, avec peut-être moins de vocabulaire, une moins grande diversité de sons, une syntaxe plus limitée. Si le langage humain, tel que nous le connaissons, est bien le propre de notre espèce, il est apparu au moment de la spéciation, il y a entre 100 000 et 200 000 ans, disons plus près de 100 000 si l'on en croit la majorité des anthropologues et des généticiens. En Afrique ou, peut-être, au Proche-Orient.

– *Ce qui nous ramène à la question de la langue mère.*

– C'est une question controversée dans le monde des linguistes, et qui a longtemps été taboue: en 1866, la Société de linguistique de Paris stipulait dans son règlement qu'elle ne recevrait aucune communication sur l'origine des langues ! Pourquoi ? Parce que, étant donné les savoirs de l'époque, on ne pouvait pas répondre à la question sur un mode scientifique. Aujourd'hui, nos connaissances sur l'émergence de l'homme ont considérablement évolué, grâce aux travaux des anthropologues, des archéologues et des généticiens. Comment reposer la question de la (ou des) langue(s) mère(s) ? Je dirais qu'il faut regarder le problème du point de vue des possibilités théoriques : il semble que la naissance de notre espèce, *Homo sapiens sapiens*, ait supposé une période d'isolation d'un petit groupe d'hommes prémodernes. Donc tout repose sur la taille de ce groupe. Combien de prélangues y étaient-elles parlées ? Si, au moment où ce groupe s'est trouvé isolé, en prélude à la spéciation, une seule prélangue était utilisée, parce qu'il s'agissait d'un clan de quelques dizaines d'individus, alors il y a bien eu une seule langue mère ; s'il s'agissait d'un groupe plus important, formé de plusieurs bandes, chacune parlant une prélangue, alors il est possible qu'il y ait eu plusieurs langues mères. Pour l'instant, impossible de trancher.

Les mots des origines

— *Mais il existe des linguistes farouches partisans de l'hypothèse de la langue mère unique, notamment l'Américain Joseph Greenberg, disparu récemment. Et son élève Merritt Ruhlen...*

— Il faut savoir que les linguistes classent les langues en branches et en familles. Par exemple, la branche des langues romanes actuelles, c'est-à-dire le français, l'italien, l'espagnol, le portugais, le roumain, le romanche et quelques autres, appartient à la famille indo-européenne, dont l'origine remonte peut-être à 9 000 ans et qui rassemble, avec ces langues romanes, l'albanais, l'arménien, les langues germaniques, slaves, celtiques, grecques, baltes et indo-iraniennes. Les linguistes ne sont pas d'accord entre eux sur le nombre de familles de langues dans le monde. Une estimation moyenne est celle du site web Ethnologue, lié aux organisations missionnaires américaines, qui en dénombre cent sept – sans compter les créoles. Greenberg et Ruhlen se sont fait une spécialité du regroupement des familles de langues acceptées en quelques « macro-familles » beaucoup plus anciennes : Ruhlen ne reconnaît ainsi qu'une douzaine de macro-familles qui, selon lui, seraient issues d'une langue mère vieille de 50 000 ans seulement.

– Passer de cent sept à douze familles de langues seulement ! C'est un exploit !

– Le succès de Greenberg s'appuie sur sa classification des quelque mille huit cents langues d'Afrique en seulement quatre macro-familles, classification aujourd'hui plus ou moins acceptée. Ensuite, Greenberg a regroupé toutes les langues indigènes d'Amérique en trois macro-familles. Et presque toutes les familles du nord de l'Eurasie (l'indo-européen, l'étrusque, l'ouralique – hongrois, finnois –, l'altaïque – turc, mongol, mandchou –, le japonais, le coréen, l'aïnou, l'esquimau et diverses langues de Sibérie) en une seule macro-famille : l'eurasiatique. Tous ces travaux sont très controversés. Mais ils ont l'intérêt de poser beaucoup de questions.

— Et c'est à partir de ces travaux que Merritt Ruhlen propose un petit lexique de la proto-langue universelle...

— Oui : il pense qu'il est possible de retrouver, dans les langues du globe, des mots de la langue mère qui n'auraient que très peu changé.

— Par exemple ?

— Eh bien, d'après Ruhlen, *un* comme *doigt* dans la langue mère se dirait *tik*; *deux* se dirait *pal*; *genou*: *bu(n)ka*; *enfant*: *mako*; *eau*: *aq'wa*; *mère*: *aja*; *sucer, téter, allaiter* ou *poitrine*: *maliq'a*... Pour proposer ces mots ancestraux, Ruhlen s'est essayé à comparer dans différentes langues et proto-langues le vocabulaire de base. Ce vocabulaire sert de balises aux linguistes, car c'est le plus stable, celui qui est appris très tôt dans l'enfance et qui est donc transmis verticalement par une génération à la suivante, et plus rarement passé transversalement d'une langue à une autre... Par exemple : les pronoms personnels, les nombres (*un*, *deux* et *trois*), les parties du corps, les éléments naturels (*soleil, lune, eau, ciel*), certains verbes (*aller, venir, dormir, mourir*), quelques termes de parenté (*mère, frère, sœur*)... Des notions universelles qui n'ont aucune raison d'être d'empruntées à une autre culture. Au contraire du vocabulaire technique et scientifique : pensez à *web* – un mot anglais – ou à *algèbre*, d'origine arabe.

« Yon ! Roch ! »

– *Pourtant les propositions de Greenberg et Ruhlen sont loin de faire l'unanimité parmi les linguistes.*

– À cause de leur faiblesse ! D'abord, Greenberg et Ruhlen comparent des mots sur la base des ressemblances dans leur prononciation, sans prêter attention aux correspondances phonétiques, notion dont nous reparlerons. Or des mots de même sens peuvent se ressembler d'une langue à l'autre, absolument par hasard : ainsi, les pronoms *mou* (*mon*) et *sou* (*ton*) en grec ancien sont presque identiques à ceux du taroko, langue austronésienne de Taïwan, *mo* et *so*, absolument par hasard. D'autre part, dans leurs travaux, le sens des mots n'est pas toujours très précis. Ruhlen et Greenberg utilisent comme matériel pour reconstituer leur *deux* des mots qui signifient *double, moitié, jumeau*. Ça introduit un petit doute ! De même, pour *un*, ils englobent des sens comme *doigt, index, seul*. Si, partout, le sens de *un* était associé à la prononciation type *tik*, cela serait troublant. Mais avec toute cette variété de sens, l'hypothèse est plus difficile à accepter. Je ne pense pas qu'il faille rejeter en bloc et *a priori* tous ces travaux, mais attendre qu'ils soient proposés avec plus de rigueur.

– *Il faut avouer que cette théorie d'une langue mère unique est très séduisante. Pensez-vous que c'est parce que nous sommes influencés par l'épisode biblique de la tour de Babel ?*

– Peut-être. Pendant des siècles, le postulat de la langue originelle a fait l'unanimité en Occident. La seule question était de savoir quelle était cette langue adamique parlée par Adam et ses fils jusqu'au fameux épisode de la tour de Babel, lorsque Dieu, pour punir les hommes de leur orgueil et les empêcher de se coaliser, les dispersa sur la Terre et multiplia les langues. Souvent les érudits, à l'instar de saint Augustin, ont soutenu que cette langue d'essence divine était l'hébreu. Mais à la Renaissance on a vu des savants allemands clamer que la langue première était forcément germanique et des savants français rétorquer qu'elle était assurément gauloise... L'idée a d'ailleurs fleuri sous d'autres cieux que ceux de la tradition biblique : sous Staline, le linguiste officiel soviétique Nikolaï Marr avançait la même théorie d'une langue originelle unique, composée, selon lui, de quatre monosyllabes, ancêtres de tous nos mots actuels : « sal », « ber », « yon », « roch » !

— Connaît-on d'autres mythes sur l'origine des langues, dans d'autres parties du monde ?

— Je ne suis pas un spécialiste, mais chez les Indiens Maya-Quiché du Guatemala, la légende veut que, après avoir créé les hommes, les dieux, effrayés par la puissance de leurs créatures, aient semé la confusion sur Terre en attribuant à chaque groupe une langue différente. On n'est pas loin du récit de la Genèse. D'après Hérodote, le pharaon Psammétique Ier, au VIIe siècle avant notre ère, voulut prouver que la langue la plus ancienne de l'humanité était... l'égyptien ! Pour le vérifier, il confia deux nouveau-nés à un berger pour qu'il les élève avec ses chèvres mais sans jamais prononcer un mot devant eux... Las ! Le premier mot que les enfants prononcèrent fut *békos*, *pain* en phrygien. Le pharaon, nous raconte l'historien grec, dut s'incliner... L'expérience fut réitérée, paraît-il, par l'empereur Frédéric II de Hohenstaufen au XIIIᵉ siècle : il fit élever des nourrissons dans le plus grand isolement en interdisant formellement aux nourrices de leur parler. Il voulait savoir si ces enfants allaient s'exprimer en hébreu, grec, latin, arabe... ou tout simplement dans la langue de leurs parents. Il ne l'a jamais su : tous les malheureux gamins sont morts !

Le berceau africain

— *Revenons au moment de l'apparition d'*Homo sapiens sapiens, *qui parle donc une ou plusieurs langues. Que sait-on du devenir de ces langues ?*

— On sait qu'elles se diversifient à mesure que le nombre des groupes augmente et que ces groupes se séparent. C'est en tout cas une hypothèse que l'on peut faire sans grand risque de se tromper : le destin courant des langues est d'évoluer et de se diversifier. En un ou deux milliers d'années, une même langue parlée dans deux régions différentes se modifie tellement que les locuteurs ne se comprennent plus. Voyez le latin impérial, implanté il y a quelque 2 000 ans en Europe par les soldats des armées romaines qui avaient été récompensés par des terres dans les pays conquis : cette langue, au départ uniforme, a donné le français, l'italien, l'espagnol, le portugais, le roumain d'aujourd'hui... De la même manière, les « dialectes » (nous les appellerions des langues) chinois remontent tous à la langue de la dynastie Han, parlée il y a 2 000 ans dans le nord de la Chine : après avoir conquis le Sud, les Han y ont introduit leur langue, qui, comme le latin, s'est fragmentée en donnant l'éventail des dialectes chinois modernes : mandarin, cantonais, min, hakka, etc.

— En Europe comme en Chine, il a donc fallu deux millénaires pour que les langues se fragmentent. La vitesse d'évolution des langues serait-elle constante ?

— Pas du tout. Certaines évoluent très lentement : les Islandais d'aujourd'hui n'ont pas de grandes difficultés à lire leurs sagas du XIIIᵉ siècle, beaucoup moins en tout cas que nous n'en avons à lire dans le texte *La Chanson de Roland*, qui date du XIIᵉ. À l'inverse, les Austronésiens de Nouvelle-Guinée, installés sur les côtes nord de l'île depuis plus de 3 000 ans, ont vu leur langue, au départ unifiée, se fragmenter en langues mutuellement incompréhensibles : elles ont en commun moins de vocabulaire de base que celles de Taïwan, pourtant séparées les unes des autres depuis quelque 5 000 ans ! Les raisons de ces différences dans les vitesses d'évolution intéressent beaucoup les linguistes. Diverses propositions ont été faites. Ainsi, une population petite mais dense, en contact avec plusieurs autres langues mais ne souhaitant pas être comprise d'elles, idéologiquement peu portée au conservatisme, et ayant des tabous touchant certains mots (par exemple ceux entrant dans les noms des personnes récemment décédées), aurait le plus de chances de voir sa langue évoluer rapidement.

— Quelles hypothèses pouvez-vous faire sur la façon dont les langues ont pu se diversifier dans les tout premiers temps ?

— Nous n'avons évidemment pas d'indices directs, les faits sont trop anciens pour qu'on puisse en retrouver les traces dans les langues modernes. Nous sommes tributaires des spécialistes de l'histoire des hommes : les archéologues et les généticiens. Les premiers mettent au jour des restes humains et du matériel que l'on peut dater pour retracer l'expansion des populations humaines. En examinant les fréquences des gènes et la distribution de leurs mutations dans les populations actuelles, les seconds sont capables de reconstituer en partie l'histoire de nos ancêtres. Aujourd'hui, ces spécialistes nous suggèrent ce scénario : après l'apparition du langage moderne dans une population humaine vraisemblablement africaine, il y aurait eu une première diversification, représentée de nos jours par les familles Niger-Congo, khoisan et nilo-saharienne, avant qu'un groupe sorte d'Afrique et s'établisse au Proche-Orient vers − 100 000 ans. Ce premier groupe d'hommes, dont des restes ont été identifiés en Israël et en Égypte, ne serait représenté par aucune langue moderne.

En route pour l'Amérique

– *Naissance du langage vraisemblablement en Afrique, donc. Puis au Proche-Orient. Et ensuite ?*

– Plus tard, du nord-est de l'Afrique ou du Proche-Orient serait partie une nouvelle branche, qui aurait migré vers l'est, le long des côtes, pour arriver d'abord en Inde, ensuite en Asie du Sud-Est, puis, par des routes terrestres actuellement immergées, en Australie et en Nouvelle-Guinée, alors réunies, vers − 50 000 ans. Notez que pour cela les hommes ont dû traverser un bras de mer d'environ quatre-vingts kilomètres, vraisemblablement par bateau ! Les langues modernes correspondantes pourraient être celles des Veddas de Ceylan, des indigènes des îles Andaman dont certains rejettent toujours le contact avec la civilisation, les langues papoues de Nouvelle-Guinée, et les langues des Aborigènes australiens... Un troisième groupe, toujours partant du nord-est de l'Afrique ou du Proche-Orient, peut-être un peu plus tard, serait à l'origine du reste des langues modernes. Il aurait progressé en direction du nord vers l'intérieur de l'Eurasie : un rameau occidental se serait installé en Europe, où l'on trouve les premières traces d'hommes modernes après − 40 000, et son seul représentant moderne serait le basque ; un autre rameau se serait répandu vers l'est et aurait pénétré l'Asie par le nord de l'Himalaya.

— *Voilà pour l'Ancien Monde. Et l'Amérique ?*

— L'Amérique, quant à elle, aurait été peuplée plus tardivement par des populations asiatiques qui auraient traversé le détroit de Béring, alors émergé, ou qui seraient passées en bateau par le chapelet des îles Aléoutiennes. La date de − 12 000 ans pour le premier passage en Amérique (il y en a eu plusieurs), longtemps retenue, est aujourd'hui très controversée, mise en doute par des archéologues aussi bien que par des linguistes, à cause de la trop grande diversité des langues amérindiennes. Le passage pourrait avoir été beaucoup plus ancien : vers − 40 000 ou − 30 000.

— *En fait c'est simple ! Si je comprends bien, la diversification des langues a suivi le schéma d'expansion des populations humaines...*

— Plus ou moins... À condition bien sûr que ce schéma soit vrai, et qu'il n'y ait eu qu'une seule langue mère. Dans les années 1980, un généticien de Stanford, Luca Cavalli-Sforza, a suggéré qu'il y avait une convergence entre l'arbre génétique des populations et les macro-familles de Greenberg et Ruhlen. La convergence était loin d'être parfaite : par exemple les Chinois du Nord ressemblaient assez aux Mongols, Coréens et Japonais sur le plan génétique, tandis que les Chinois du Sud se rapprochaient plutôt de populations comme les Thaïs et les Austronésiens. Aujourd'hui, on dispose d'études plus détaillées qui nous amènent à nuancer considérablement les propositions de Cavalli-Sforza. Il est vrai pourtant que, au moins dans certaines régions du monde, les frontières génétiques et linguistiques se superposent assez bien : en Nouvelle-Guinée, les populations de langues austronésiennes, présentes comme on l'a vu depuis plus de 3 000 ans, se différencient encore assez bien des populations de langues papoues, établies beaucoup plus anciennement ; en Afrique, ma collègue Alicia Sanchez-Mazas a montré qu'il existe une corrélation frappante entre les frontières linguistiques et la répartition d'un système génétique sanguin, le GM.

Et, déjà, l'extinction...

— *Cela paraît tout de même très étrange : les langues, vous l'avez bien dit, ne dépendent pas des gènes.*

— Vous avez raison. D'ailleurs, ces idées ont, au départ, beaucoup choqué la communauté des linguistes : on violait un tabou. Puisque la génétique n'avait rien à voir avec la transmission des cultures, relier gènes et langues fleurait presque le racisme ! Mais les langues et les gènes reflètent, au moins partiellement, la même histoire, celle de l'expansion des hommes sur la Terre. Et les langues comme les gènes se transmettent d'une génération à l'autre. Charles Darwin avait d'ailleurs déjà souligné dans *La Descendance de l'homme* l'analogie entre l'évolution des espèces et l'évolution des langues. Bien sûr, les langues, contrairement aux gènes, évoluent aussi par contact : dès que des populations se rencontrent, elles se transmettent des mots ou des traits grammaticaux. En français, il existe ainsi quantité de mots venus d'ailleurs : de l'italien (*fantassin*), de l'anglais (*redingote*, *paquebot*), de l'arabe (*café*), du germanique (*guerre*), du grec (*moustache*), du vénitien (*pantalon*), de l'espagnol (*moustique*), du turc (*kiosque*), du chinois (*thé*), de l'aztèque (*chocolat*)... Mais les linguistes qui établissent la généalogie des langues sont conscients de ces emprunts, et ils se concentrent sur les éléments qui s'empruntent peu. Et il ne faut pas oublier que les neuf dixièmes de l'histoire de l'humanité – et donc des langues – se sont déroulés à une époque où les hommes étaient très peu nombreux et où les contacts entre langues étaient rares. Pas étonnant donc que l'on trouve encore des traces d'une évolution parallèle. Même si le néolithique a considérablement brouillé les cartes.

– *Que s'est-il passé ?*

– L'invention de l'agriculture a provoqué la disparition de centaines, voire de milliers de langues. Tandis que d'autres, les langues des premiers agriculteurs, ont connu un véritable succès et se sont formidablement diversifiées. Portées par des populations beaucoup plus nombreuses qu'à l'époque précédente, elles ont été en contact beaucoup plus intense les unes avec les autres et ont échangé du vocabulaire et de la grammaire à un rythme beaucoup plus soutenu.

— Cela voudrait dire que le néolithique est la première vague d'extinction linguistique de notre histoire ?

— Exactement. On estime qu'au moment de la révolution néolithique il y avait entre 5 et 9 millions d'hommes sur toute la planète. À peine la population d'Île-de-France aujourd'hui ! Et ces chasseurs-cueilleurs parlaient des centaines, voire des milliers de langues ! On peut imaginer que la situation avant le néolithique était proche de celle que l'on observe aujourd'hui dans les hauts plateaux de Nouvelle-Guinée. Sur cette île, au nord de l'Australie, on relève pour une population de 4,5 millions d'habitants une diversité de langues absolument extraordinaire : plus de huit cents ! La plupart sont utilisées par moins de mille personnes. Et, jusqu'à récemment, les Papous de Nouvelle-Guinée ont vécu de chasse et de cueillette, avec un peu de culture de taro mais sans culture de céréales, qui permet vraiment le développement de la population.

À la mode agricole

— Cela veut dire qu'avec l'invention de l'agriculture, et donc la domestication des céréales, la démographie humaine s'emballe et le rapport de force entre les langues est chamboulé.

— Exactement : on comptera deux cent cinquante millions d'êtres humains au début de notre ère. L'agriculture est inventée quasi simultanément en plusieurs endroits du monde : il y a 12 000 ans au Proche-Orient, 10 000 ans en Chine, dans la vallée du fleuve Bleu, et un peu plus récemment en Amérique du Sud. Ce synchronisme peut paraître étonnant, mais il est le résultat du réchauffement climatique à la fin de la dernière glaciation, et non d'une transmission culturelle d'un continent à l'autre. Comme les céréales et le bétail permettent de nourrir beaucoup plus de monde que le gibier et les fruits, les populations d'agriculteurs croissent assez vite, se répandent, et avec elles leurs langues. Celles des chasseurs-cueilleurs ont tendance à disparaître, parce que ceux qui les parlent ne peuvent plus vivre dans les zones défrichées ; ils sont obligés de trouver refuge dans les collines, les montagnes, ou de se déplacer. Plus le domaine occupé par les agriculteurs s'agrandit, plus leur importance économique s'accroît, plus les locuteurs des dernières langues paléolithiques finissent par les abandonner et par ne plus parler que celles des agriculteurs, dont le nouveau mode de vie se répandra sur toute la planète, excepté la Nouvelle-Guinée, on l'a vu, l'Australie, certaines régions d'Amérique et d'Afrique.

– *La croissance des populations d'agriculteurs a donc entraîné de véritables raz-de-marée linguistiques…*

– Très probablement. Je pense par exemple que l'ancêtre commun des langues sino-tibétaines (le mandarin, le cantonais, le tibétain, le birman, etc.), des langues austro-asiatiques (le vietnamien, le khmer, etc.) et des langues austronésiennes (toutes les langues parlées en Indonésie, en Polynésie et à Madagascar) était une langue parlée le long du fleuve Bleu par les premiers cultivateurs du riz, qui a été domestiqué en Chine dans cette vallée, à plusieurs centaines de kilomètres en amont de Shanghai, à la limite nord de son aire naturelle. Et ce n'est pas un hasard : les conditions climatiques y rendant difficile la collecte du riz sauvage, des variations climatiques mineures ont dû pousser les hommes à le cultiver pour mieux assurer leur subsistance dans les années froides. Mieux nourries, les populations de riziculteurs ont beaucoup augmenté puis ont commencé à se répandre notamment vers le nord. Là, elles sont arrivées dans une zone plus sèche, où il était plus difficile de faire pousser du riz, et elles ont eu besoin d'une céréale d'appoint, le millet. D'où une seconde explosion démographique et linguistique qui est, à mon avis, à l'origine d'une branche de cette macro-famille de langues comprenant l'austronésien et le sino-tibétain.

– *Quel scénario peut-on avancer pour l'Europe ?*

– Il est du même type pour l'indo-européen. Son origine est encore controversée, nous en reparlerons. Elle remonte peut-être à une langue de paysans du sud de l'Anatolie où le blé a été domestiqué il y a 11 000 ou 12 000 ans. La première langue à s'être séparée du tronc commun (bien après la domestication du blé) est le hittite, une langue d'Anatolie. Puis les agriculteurs se seraient répandus vers l'est jusqu'au nord-est de la Chine actuelle avec le tokharien, langue connue par des textes bouddhiques, et enfin vers l'Europe, l'Iran et l'Inde du Nord. En Europe, l'expansion indo-européenne a éliminé les langues plus anciennes comme l'étrusque, ou les langues ibériques, dont on a gardé des traces mais qui ont complètement disparu, sauf dans l'ouest des Pyrénées, où, le relief fournissant une certaine protection, l'ancêtre du basque a résisté.

– *Le basque serait une langue du paléolithique !*

– C'est la meilleure hypothèse. L'origine du basque est très obscure : c'est un «isolat», comme disent les linguistes, une langue qui n'est apparentée à aucune autre. On a émis beaucoup d'hypothèses pour essayer de la rattacher à telle ou telle famille ; mais la plus raisonnable est que le basque soit en effet le descendant des langues parlées par les populations paléolithiques, celles qui nous ont laissé les grottes de Lascaux. Ce serait donc la seule langue survivante en Europe de la grande extinction linguistique du néolithique.

CHAPITRE 2

L'explosion néolithique

Familles recomposées

– *Nous voici donc arrivés au grand bouleversement linguistique du néolithique. Que sait-on des langues parlées à cette époque ?*

– Nombre de linguistes passent leur temps à essayer... de remonter le temps ! Ils comparent les langues pour tenter de déterminer leurs liens de parenté, de les grouper en familles ou super-familles, et de reconstituer leur arbre généalogique. Et ils essaient parfois de reconstruire les protolangues, les ancêtres disparus des différentes familles. Autant les travaux pour retrouver des bribes de la supposée langue mère sont hautement spéculatifs, autant ceux menés pour reconstruire les langues parlées il y a, disons, moins de 10 000 ans sont assez consistants. Aujourd'hui nous avons assez d'expérience pour identifier les parentés génétiques entre langues, et reconstruire leur ancêtre commun.

– *On fait remonter l'histoire de la classification moderne des langues à William Jones, un juriste anglais de la seconde moitié du XVIIIe siècle, c'est cela ?*

– Exactement. Fils d'un mathématicien célèbre, William Jones est polyglotte : il parle parfaitement treize langues et se débrouille avec vingt-huit autres ! Bien évidemment il connaît les langues classiques – latin, grec, hébreu –, mais aussi l'arabe, le persan et surtout le sanskrit, langue parlée autrefois par les brahmanes, qu'il a étudié alors qu'il était en poste à Calcutta. Dans une adresse célèbre à la Société asiatique du Bengale, Jones affirme que le sanskrit, le latin et le grec ont des caractéristiques semblables tellement nombreuses que la seule explication possible, à l'exclusion de toute autre, est une origine commune. Il ajoute que ces trois langues sont également liées au persan, aux langues celtiques et au gotique, la langue des Goths et des Wisigoths. Depuis, l'étude de cette famille indo-européenne et la reconstruction du proto-indo-européen ont beaucoup progressé, comme d'ailleurs celle d'autres proto-langues tels le proto-bantou, le proto-sémitique, le proto-austronésien... Dans d'autres cas, nous savons que les langues forment bel et bien une famille, mais nous n'en avons pas encore de reconstruction : par exemple le sino-tibétain, l'austro-asiatique (cambodgien, vietnamien, etc.).

– *Comment fait-on pour mettre des langues dans une famille ?*

– On s'appuie sur leurs ressemblances. Elles peuvent en avoir pour trois raisons : par héritage d'un ancêtre commun, par emprunt mutuel, ou par simple coïncidence. La difficulté est de distinguer entre ces trois cas, et donc d'exclure les emprunts et les coïncidences. Nous avons déjà vu le cas du grec et du taroko qui, par hasard, présentent exactement les mêmes formes pour *mon* et *ton*. Il se trouve que, par hasard là aussi, plusieurs nombres dans les langues austronésiennes et les langues indo-européennes se ressemblent fortement : ainsi, pour le nombre *deux*, le sanskrit a *dva*, et le malais *dua*. En 1841, Franz Bopp, par ailleurs l'un des pionniers de la linguistique indo-européenne, n'avait pas compris que ces ressemblances étaient accidentelles et il pensait que le malais et les autres langues austronésiennes étaient des parents proches du sanskrit. Pour éviter de tomber dans ce panneau, les linguistes modernes exigent que les paires de mots présentées comme preuves de parenté génétique entre deux langues aient des correspondances systématiques au niveau des sons qui les composent. Si l'on garde notre exemple, il faut donc que le « d » du sanskrit corresponde au « d » du malais dans toute une série d'autres paires de mots de même sens, de même pour le « v » du sanskrit et le « u » du malais, ainsi que pour le « a » du sanskrit et le « a » du malais, de sorte que, dans chaque paire de mots supposés hérités de l'ancêtre commun, chaque son soit explicable en termes de ces correspondances.

— *Ça se complique...*

— Je vous passe les détails. Disons que, si cette procédure est suivie avec soin, on arrive à éliminer assez facilement les ressemblances accidentelles. Mais il y a une autre difficulté : il reste possible que des ressemblances non accidentelles entre langues soient dues à l'emprunt. Il nous faut donc un second critère, qui nous est fourni par le vocabulaire de base. Comme celui-ci est assez difficile à emprunter, on s'attend à le trouver en abondance lorsque deux langues ont un ancêtre commun, et en faible quantité si les ressemblances sont dues à l'emprunt. C'est ainsi que le linguiste américain Paul Benedict a pu montrer que les nombreux mots communs au thaï et au chinois étaient des emprunts, malgré l'existence de correspondances phonétiques (parce que le vocabulaire de base y était très peu représenté).

« *Tchi ki boum* »

— *Mais comment passe-t-on du classement des langues par degré de parenté à la reconstruction de leur ancêtre?*

— Grâce à tous les outils et les techniques que les linguistes se sont forgés au fil des décennies. Au cours du XIXᵉ siècle, les chercheurs font des découvertes importantes : ils comprennent que les langues évoluent non pas de façon désordonnée, mais ordonnée. Et donc qu'il est possible de remonter le temps en suivant les changements. Ainsi, si un « s » devient un « h », on observe que tous les « s » dans tous les mots, ou les « s » qui apparaissent dans une certaine position (au début des mots, à la fin, ou encore précédés d'une certaine voyelle), vont se changer en « h ». Évidemment, ce type de modification ne se réalise pas du jour au lendemain, mais il s'opère régulièrement et presque sans exception. De plus, on s'est aperçu que les changements phonétiques dans les langues sont assez stéréotypés. Par exemple pour les voyelles : un « a » va souvent devenir un « é » ou un « o », un « é » va souvent se changer en un « i », un « o » va souvent évoluer vers un « ou », un « ou » va devenir un « u »… Ce sont des évolutions fréquentes. L'inverse est plus rare : un « i » ne devient un « u » que dans des conditions très particulières. Un « k » suivi d'un « i » va souvent se changer en « tch », mais un « tch » suivi d'un « i » ne deviendra que très exceptionnellement un « k »… En comparant les langues filles, qui présentent toutes en principe des évolutions régulières à partir de leur langue mère, on peut faire des hypothèses bien fondées sur la prononciation de cette langue ancestrale. Par exemple, si on trouve, dans deux langues sœurs et dans le même mot, un

« tchi » dans l'une, un « ki » dans l'autre, on peut supposer que ce mot avait la forme en « ki » dans la langue mère.

— *Cette régularité paraît presque trop belle pour être vraie...*

— Elle s'explique facilement. Si les sons de la parole changent souvent dans le même sens, cela est dû au fait qu'on utilise tous le même appareillage, les mêmes muscles, les mêmes os et le même système nerveux pour les contrôler. Bref, nous avons les mêmes contraintes mécaniques et physiologiques. L'évolution du « ki » en « tchi » s'explique très bien : quand vous prononcez la consonne « k », le dos de votre langue est contre le voile du palais, puis pour prononcer le « i » le dos de votre langue s'avance ; si votre langue anticipe trop la position du « i », ça donne « tchi ». Les changements de sons sont normalement sans exception (il faut nuancer cette affirmation, mais le principe général demeure). C'est là une des découvertes majeures de la linguistique dans la seconde moitié du XIXe siècle, même si on continue de débattre à propos de leur mécanisme précis.

— *Observe-t-on le même type de régularité au niveau de la structure de la langue, de la grammaire ?*

— D'une certaine façon, oui. Prenez la forme négative des verbes en français, qui se construit en mettant *ne* avant et *pas* après. Cette construction, d'emploi courant en français écrit, s'est simplifiée en français parlé : le *ne* est tombé, il ne reste plus que le *pas* (« j'sais pas », « il en veut pas », « t'y vas pas »). Eh bien, cette simplification s'est opérée quel que soit le verbe : le *ne* est tombé partout. Il y a là en effet quelque chose qui ressemble à la régularité des changements phonétiques. Cette évolution de la grammaire suit aussi souvent des chemins bien tracés (les linguistes parlent de «grammaticalisation») qui aboutissent à créer de nouveaux mots grammaticaux. Car ceux d'aujourd'hui viennent habituellement de mots ayant eu autrefois un sens plein. Par exemple, dans beaucoup de langues, le futur proche des verbes se forme avec des mots grammaticaux provenant du verbe *aller* : en français, «elle <u>va</u> venir», en anglais, «she's <u>going</u> to come».

Poètes et bouchers

– *Ce qui nous amène aux changements du vocabulaire...*

– Les mots changent souvent de sens, et, souvent aussi, les étymologies se retrouvent de façon frappante d'une langue à l'autre. Par exemple, dans beaucoup de langues, le nom de la lune provient d'un mot signifiant «brillant»; le mot pour *demain* vient souvent d'un mot voulant dire «matin». Les noms d'animaux domestiques adultes dérivent fréquemment du nom du jeune animal : ainsi, *cochon* et *poulet* désignaient au départ le porcelet et le jeune poulet. D'après Haudricourt, cela viendrait de ce que les bouchers cherchent à faire passer la viande de l'animal adulte pour plus tendre qu'elle ne l'est ! Peut-être nos petits-enfants appelleront-ils *veau* la viande de bœuf... C'est cette longue expérience accumulée, l'analyse de tous les changements phonologiques et grammaticaux, qui permet aux linguistes de remonter le temps.

– *Avec tous ces outils linguistiques, comment faites-vous concrètement pour reconstruire une langue morte ?*

– On part toujours des langues actuelles. Si vous avez beaucoup de chance, l'ancêtre du groupe de langues qui vous intéresse est une langue écrite connue. Dans ce cas, le travail est à moitié fait : vous connaissez le vocabulaire, la grammaire, la graphie… La seule question qui vous reste est la prononciation. Par exemple, en latin, vous pouvez avoir des doutes sur la prononciation du signe « c » : se prononçait-il « k », ou « tch » comme en italien ? Vous avez deux types d'indices pour trancher : la prononciation dans les langues filles et les emprunts faits au latin par les langues étrangères. Si l'on part du principe, comme on l'a vu tout à l'heure, que le son « k » est ancestral au son « tch », on voit qu'il y a une langue fille, le sarde, qui a conservé les « k » : par exemple, le mot *ciel* se dit *cælum* (« kaéloum ») en latin, *celu* (« kélou ») en sarde et *cielo* (« tchélo ») en italien… Cela plaide pour une prononciation « k » en latin. On confirme en remarquant que *Cæsar* a donné *Kaiser* en allemand et devait bien se prononcer « Kæsar ».

– On comprend bien le procédé. Mais l'exercice est-il possible avec les écritures non alphabétiques comme l'égyptien ou le chinois ?

– Eh bien, pour le chinois, sur lequel je travaille, on dispose de plusieurs outils, notamment un dictionnaire qui date de l'an 601, le *Qiè-Yùn*, dans lequel les mots sont classés par rimes : la poésie est un art très important en Chine et composer un poème faisait partie des examens obligatoires pour tous ceux qui entraient dans la prestigieuse administration impériale ! Le *Qiè-Yùn* est un instrument précieux pour établir la prononciation du chinois ancien. Pour remonter encore le temps et revenir au chinois dit archaïque, la langue de Confucius parlée au Ier millénaire avant notre ère, là encore nous nous appuyons sur la poésie : il existe tout un corpus de poèmes rimés de cette époque. Et puis, dans les caractères chinois, il y a des éléments phonétiques que les Chinois d'aujourd'hui ne déchiffrent que partiellement mais qui nous renseignent sur la prononciation des mots vers le milieu du Ier millénaire avant notre ère. Contrairement à une idée répandue, l'écriture chinoise est au départ phonétique, même si elle n'est pas alphabétique. C'est une écriture qui se rapproche d'un syllabaire, avec un symbole pour chaque syllabe.

Fish and foot

– *Et pour remonter au-delà, avant l'écriture ?*

– Il s'agit souvent de reconstruire une langue morte non attestée, une langue dont on a perdu toute trace mais dont on a de bonnes raisons de supposer l'existence : le proto-indo-européen sur lequel on travaille depuis William Jones, le proto-austronésien, le proto-bantou... Évidemment les résultats sont très variables, en fonction de la profondeur temporelle de la langue en question et de la qualité des données dont nous disposons : les langues actuelles sont-elles bien décrites ? Sont-elles suffisamment nombreuses et divergentes pour établir des comparaisons et des recoupements ? Toutes les branches sont-elles bien représentées ? En effet, si, pour reconstruire le proto-indo-européen, vous n'aviez à votre disposition que les langues romanes et les langues germaniques, vous auriez une vision très différente de celle que nous avons aujourd'hui, une vision pleine de trous ! Bref, on parvient à reconstruire des bribes de proto-langues avec des fortunes diverses. C'est un vrai travail de fourmi.

— *Pouvez-vous donner quelques exemples ?*

— Regardons des langues européennes, ce sera plus facile. Il y a deux méthodes classiques pour retrouver les mots ancestraux : la méthode comparative (qui consiste à comparer des formes issues de plusieurs langues) et la reconstruction interne (qui utilise des données internes à une seule langue). En latin, vous trouvez plusieurs formes apparentées pour *neige, neiger* : *nix* pour le cas sujet, *nivis* pour le cas complément de nom, *ninguit* pour dire *il neige*, etc. Cela correspond phonétiquement aux formes « nik-s », « niw-is » et « ni(n)gw-it ». Je vous passe la démonstration, mais la reconstruction interne nous amène à postuler une forme prélatine *nigw*. Évidemment, cette méthode à elle seule n'est pas suffisante. On utilise donc aussi – surtout – la méthode comparative, et on tente de repérer des changements de sons – de phonèmes – réguliers dans différentes langues filles. Prenons l'anglais et le français, des langues apparentées puisqu'elles sont toutes deux indo-européennes, mais tout de même assez lointaines, le français appartenant au groupe des langues romanes et l'anglais au groupe des langues germaniques. On s'aperçoit qu'aux mots français *poisson, pied, père, plein, pour* correspondent en anglais les mots *fish, foot, father, full, for*. Le « p » français devient donc un « f » en anglais et vice versa. Idem : les mots français *tonnerre, tu, toit* et *dix, deux, dent* se disent en anglais *thunder, thou* (ancien anglais), *thatch* et *ten, two, tooth*. Ce qui signifie qu'il y a une correspondance entre le « t » français et le « th » anglais et entre le « d » français et le « t » anglais… Les linguistes traquent ce type de changements réguliers en comparant des centaines de mots, parfois dans des dizaines de langues. Ensuite ils élaborent des tableaux de correspondance pour déterminer les phonèmes ancestraux de façon que les évolutions phonétiques soient plausibles et que le système de sons reconstruit soit naturel.

– *On reconstruit ainsi un système de phonèmes, mais comment reconstruire les mots eux-mêmes?*

– Tout simplement en assemblant, pour chaque mot, les phonèmes de la proto-langue dans l'ordre où ils apparaissent dans les langues filles. Par exemple, nous avons vu que le mot *dent* du français correspond à *tooth* en anglais, et que les première et dernière consonnes de ces deux mots illustrent les correspondances bien connues « d »-« t » et « t »-« th ». Pour la première, les indo-européanistes ont reconstruit le proto-phonème « *d » (l'astérisque marque une forme reconstruite, non directement observée), et pour la seconde ils ont reconstruit « *t ». Le mot *dent* en proto-indo-européen se prononçait donc « *d…t ». Les spécialistes reconstruisent aussi les deux sons du milieu sur la base de correspondances que je n'ai pas évoquées, ce qui donne la forme « *dont ».

Vocabulaires ressuscités

– *Avec ces méthodes, vous obtenez donc une liste de vocabulaire. Mais pouvez-vous reconstruire également la grammaire? Pourriez-vous, si vous n'aviez pas de textes latins, retrouver les déclinaisons latines alors qu'aucune langue romane actuelle ne comporte de déclinaisons?*

– Non, bien sûr! Votre question illustre parfaitement les difficultés auxquelles nous nous heurtons et montre que la réalité n'est jamais aussi simple que la théorie. On pourrait penser que les langues romanes descendent du latin de Cicéron. En réalité, l'italien, le français ou le castillan ne descendent pas directement du latin classique que l'on apprend aujourd'hui à l'école, mais du latin tardif parlé au moment de la désintégration de l'Empire et dans lequel les déclinaisons avaient déjà tendance à disparaître – c'est d'ailleurs probablement pour cette raison qu'aucune langue romane actuelle ne les a conservées. La reconstruction d'une protolangue est toujours incomplète : on reconstruit une partie plus ou moins grande du vocabulaire, éventuellement une partie de la grammaire, les règles de formation des mots comme les pluriels, les conjugaisons ou les déclinaisons justement. Mais on ne reconstruit pas tout, loin de là. Certains éléments sont perdus à jamais : parce qu'ils ne sont représentés dans aucune langue fille ou parce qu'ils n'ont été préservés que dans une seule langue, et que l'on n'a alors aucun moyen de savoir s'il s'agit d'un élément ancestral. Il n'existe pas aujourd'hui de proto-langue reconstruite avec un détail suffisant pour qu'on puisse la parler.

– *Mais, dans les cas où vous avez reconstruit beaucoup de vocabulaire, on ne pourrait même pas dire quelques phrases ? On trouve sur Internet une fable en proto-indo-européen : « Le mouton et les chevaux »…*

– Oui, la fable d'August Schleicher, un linguiste allemand du XIXe siècle, parfois revue et corrigée par les modernes. L'exercice n'est pas inintéressant, ne serait-ce que parce qu'il nous permet de mieux nous rendre compte des lacunes. Mais il faut bien comprendre que pour écrire des textes de ce type, on doit prendre beaucoup de décisions arbitraires, des décisions sur des problèmes en suspens, par exemple sur l'ordre des mots, qui est très volatil et difficile à reconstruire en détail. Tout à l'heure, quand je vous ai proposé un café, j'ai ajouté : « Vous le prenez comment ? » ; il y a cent ans, j'aurais demandé : « Comment le prenez-vous ? » Vous voyez, ce type de changement est si rapide et si subtil qu'il est illusoire de penser le retrouver.

— *Mais si tous ces travaux ne permettent pas de ressusciter ces langues disparues, que nous apprennent-ils sur les gens qui les parlaient, ces hommes du néolithique qui ont profondément marqué la planète ?*

— Pas mal de choses finalement. Le vocabulaire que nous parvenons à reconstruire nous donne de précieux renseignements sur leur culture. Leur culture matérielle d'abord : les plantes cultivées, les animaux domestiques, les outils utilisés, les activités de chasse ou de pêche, la construction des maisons... Parfois ils nous donnent aussi des indices sur leur système de parenté, leurs croyances religieuses... Prenons le proto-austronésien, que je connais bien. Le vocabulaire reconstruit nous indique que cette population qui habitait Taïwan vers 3500 avant notre ère cultivait le millet et le riz. Eh bien, nous pouvons reconstruire un mot pour le riz en tant que plante, un mot pour le riz en tant que nourriture, et un autre pour les grains décortiqués... Un mot pour *cochon domestique*, un mot pour *chien*... Ils pêchaient : il existe un mot pour *bateau*, un autre pour *filet*... Ils avaient des *maisons*, des *champs*. Voilà pour la culture matérielle. Pour le monde des idées, nous savons que les Proto-Austronésiens enterraient leurs morts — il y a un mot pour *enterrer* — et qu'ils vénéraient peut-être un être surnaturel nommé *qaniCu*... Comme le terme *aki* (« grand-père », « ancêtre ») a évolué dans certaines langues vers le sens de « divinité », cela suggère l'existence d'un culte rendu aux ancêtres. Nous n'en savons pas beaucoup plus. Juste un indice sur le système de parenté : le même mot désignant le beau-père pour une femme et l'oncle maternel pour un homme, on peut imaginer un mariage préférentiel avec la fille de l'oncle maternel.

Le berceau indo-européen

— Étonnant! Ces hypothèses sont très séduisantes, mais comment éprouver leur solidité? Comment vérifier que les Proto-Austronésiens tels que vous les décrivez ne sont pas... une invention de linguistes?

— Parce que l'archéologie a confirmé ces hypothèses sur les Proto-Austronésiens, au moins sur le plan matériel! En 2002, on a découvert un site archéologique vieux de 5 000 ans, sur la côte ouest de Taïwan. Et sous huit mètres d'alluvions on a retrouvé des grains de riz et de millet carbonisés, des ossements de chiens, des pierres pour lester les filets de pêche... Nous étions très fiers que nos hypothèses s'incarnent dans des vestiges archéologiques. C'est la situation idéale : lorsque nos travaux convergent avec ceux des archéologues, historiens... Souvent, comme je vous l'ai dit, nous avons besoin les uns des autres. Par exemple, nous savons, par l'archéologie, que la métallurgie du cuivre est apparue en Chine dans le courant du IIIe millénaire avant notre ère et celle du bronze un peu plus tard. Puis les Chinois ont transmis la technique du bronze à leurs voisins du Sud. En chinois archaïque, le mot pour *bronze* a été formé sur le verbe *mettre ensemble* (pour le fabriquer, on met ensemble du cuivre et de l'étain) et se prononçait « long » ; nous savons par ailleurs que le « l- » a changé pour le « d- » vers l'an 100 de notre ère. Cela nous aide à dater les contacts entre les Chinois et les populations du Sud : si, dans leur langue, *bronze* se dit *long*, cela suggère que ces populations avaient rencontré les Chinois avant l'an 100.

— J'ai évidemment envie de revenir à notre famille, l'indo-européen : que savons-nous aujourd'hui de ces mythiques ancêtres linguistiques ?

— Mythique est le bon mot, car les travaux sur le proto-indo-européen ont parfois été récupérés par des courants d'extrême droite et ont alimenté le mythe de la supposée supériorité aryenne… Sans aucun fondement scientifique, bien entendu. Reste que la question de l'indo-européen est à la fois très étudiée et très complexe. Les cartes pour les linguistes sont assez brouillées parce qu'il s'agit d'une famille de langues restées en contact étroit, ne cessant de s'influencer, de s'emprunter du vocabulaire… Ce qui ne facilite pas leur classification. L'autre problème est l'âge et la région d'origine du proto-indo-européen. Nous savons que le proto-austronésien vient de Taïwan, mais pour le proto-indo-européen nous avons encore des doutes. D'ailleurs, presque toutes les régions d'Eurasie ont été candidates au titre de « berceau de l'indo-européen ». Aujourd'hui, il reste deux hypothèses sérieuses : celle de l'Anglais Colin Renfrew selon laquelle le proto-indo-européen aurait été parlé en Anatolie par des populations issues de celles ayant domestiqué le blé, il y a 11 000 ou 12 000 ans ; les agriculteurs porteurs de cette langue se seraient ensuite graduellement répandus sur l'Europe, l'Iran et l'Inde. L'autre scénario est celui de Marija Gimbutas : les Proto-Indo-Européens n'auraient pas été au début des agriculteurs mais des cavaliers des steppes du nord-est de la mer Noire, dans la région des Kourganes ; vers 6000 avant notre ère, ce peuple de guerriers porteurs de valeurs martiales aurait mené des raids sur des populations de pacifiques agriculteurs vénérant une déesse mère, les aurait dominées et leur aurait imposé sa langue. Celle-ci se serait ensuite répandue avec les techniques de l'agriculture.

L'autre généalogie

— Ne peut-on trancher entre l'hypothèse « paysans d'Anatolie » et l'hypothèse « cavalier des steppes » ? Le vocabulaire reconstruit ne nous donne-t-il pas des indications sur la culture des Proto-Indo-Européens ?

— Pour l'instant, nous ne possédons pas d'éléments indiscutables et décisifs. On a bien essayé de retrouver le berceau de l'indo-européen grâce au vocabulaire de la nature (les plantes, les animaux), dans l'espoir de cerner le paysage d'origine, mais ces recherches n'ont pas encore abouti. Il y a trop d'ambiguïtés dans le sens des mots : le même terme peut signifier « chêne », « hêtre » ou « châtaigner »… Vous avouerez que ce n'est pas très précis. De même, on a longtemps cru que le proto-indo-européen ne pouvait être très ancien, car il existait un mot pour *roue* : **kwekwlo-* ; or les plus vieilles roues jamais retrouvées en Eurasie ne dépassent pas 5 500 ans. Mais l'argument est douteux : on peut très bien imaginer que les langues filles n'aient pas hérité du mot *roue* mais du mot **kwel*, qui signifie « tourner », et que chacune ait ensuite dérivé un mot pour *roue* à partir de cette même racine. Ou, autre hypothèse valable, que le mot *roue* ait été emprunté par le hittite avec l'objet lui-même, quand cette invention s'est répandue en Europe et au Proche-Orient. On peut faire les mêmes raisonnements avec les mots *chariot* et *cheval*, qui ont longtemps servi à appuyer l'hypothèse des guerriers déferlant sur l'Europe avec chevaux et chariots.

– *Cette quête des origines semble un peu désespérée. En fait, on ne saura jamais !*

– Je ne dirais pas cela. Petit à petit, les choses avancent, les hypothèses se resserrent. Récemment par exemple, le Néo-Zélandais Russell Gray a présenté des résultats très intéressants : il a appliqué à la famille des langues indo-européennes les méthodes utilisées par les biologistes pour dessiner l'arbre phylogénétique des gènes ou des espèces animales, méthodes qui font appel à des algorithmes nécessitant des batteries d'ordinateurs moulinant pendant des semaines. L'idée est de générer des millions d'arbres généalogiques possibles, et de trouver celui (ou ceux) qui permet le mieux d'expliquer comment les racines qui expriment les deux cents notions du vocabulaire de base se remplacent et se succèdent pour chaque notion dans une famille de langues donnée. Prenons encore un exemple : le mot pour *demain* en latin était *cras*, mais la plupart des langues romanes ont pour *demain* un mot provenant d'une forme du latin tardif *de mane*. Sauf le sarde, qui garde *cras*. Cela suggère que le sarde s'est séparé du latin avant le latin tardif, avant que *de mane* ne remplace *cras*. Dans la méthodologie de Gray, cela favorise les arbres ayant une branche romane-mais-non-sarde. Une fois qu'il a trouvé le meilleur arbre, Gray donne des dates à ses branches et à sa racine. Il le fait en injectant dans son modèle les dates données par l'histoire, comme celle de la naissance du latin ;

ce qui lui permet d'extrapoler les dates les plus anciennes (sans d'ailleurs supposer une vitesse d'évolution constante). D'après lui, le proto-indo-européen date d'environ – 9 000 ans. De là à penser que les premiers Indo-Européens étaient bien de paisibles fermiers d'Anatolie…

CHAPITRE 3

Demain, les langues

Un dialecte qui a réussi

— *Après toutes les péripéties du néolithique, les langues, vous l'avez dit, se sont diversifiées selon leur destin habituel. Aujourd'hui, à l'heure de la mondialisation, combien compte-t-on de langues vivantes sur la planète?*

— Ça, c'est une colle! On ne le sait pas; en tout cas, pas exactement. Le Summer Institute of Linguistics, une organisation missionnaire américaine, avance le chiffre de 6912 langues vivantes. C'est le nombre de langues dans lesquelles il faudrait traduire la Bible pour toucher tout le monde. L'Unesco en reconnaît 6000... Disons donc entre 6000 et 7000 : cela vous donne une fourchette qui ne doit pas être très loin de la réalité mais qui reste une estimation assez vague.

— *Est-ce donc si difficile de recenser les langues?*

— Mais oui. Il n'est pas toujours aisé de distinguer deux langues lorsqu'elles sont très proches. En théorie, on les distingue lorsque les locuteurs ne se comprennent pas. Mais l'intercompréhension est un phénomène graduel : où mettre la frontière ? Là où les locuteurs ne se comprennent pas à 20 %, à 40 % ou à 60 % ? Prenons l'exemple du Québec : vous comprenez les habitants de Montréal, mais une bonne partie du vocabulaire et des tournures de phrases vous échappent ; vous pouvez discuter avec eux, mais votre compréhension n'est pas de 100 %. Si vous vous enfoncez dans le Québec rural, vous allez rencontrer des gens que vous ne comprendrez plus. Le québécois citadin, le québécois rural et le français sont-ils des langues différentes ? Pour être honnête, le distinguo entre langue et dialecte est des plus flous. Pour un linguiste, il n'y a pas de différence fondamentale : une langue, c'est un dialecte qui a réussi. Le suédois et le norvégien sont considérés comme deux langues différentes, pourtant les Norvégiens et les Suédois se comprennent très bien, mieux qu'un Savoyard et un Picard parlant leurs dialectes. Le norvégien et le suédois ont réussi : ils sont portés par des États, tandis que le savoyard et le picard sont restés confinés dans leurs régions.

– *D'où la formule : « Une langue est un dialecte avec une armée de terre » ?*

– Exactement. En théorie, les linguistes parlent de « dialectes » lorsqu'une langue commence à se diversifier en variantes plus ou moins intercompréhensibles. Mais en même temps, dans un sens plus populaire, le statut de langue ou de dialecte dépend non de critères linguistiques mais de raisons politiques. Ce sont les États qui décident si telle langue est officielle ou non, si elle est autorisée pour rédiger les documents administratifs ou non, si elle est enseignée à l'école ou non… L'Inde, par exemple, compte ainsi dix-huit langues constitutionnelles aux côtés de l'hindi et de l'anglais; mais on parle dans la péninsule plus de quatre cents langues dont, je crois, un peu plus de soixante sont enseignées dans les écoles. Tout cela pour dire que le nombre exact de langues parlées dans le monde n'est pas vraiment une question primordiale pour les linguistes. Ce qui les intéresse, c'est de retracer, comme nous l'avons vu, l'histoire des langues, de les décrire, de comprendre leur structure interne, de les classer selon différents critères pour mieux embrasser leur diversité. Et de déterminer ce que toutes les langues ont en commun et en quoi consiste la faculté humaine de langage.

Dans la jungle des pronoms

— Justement, pour un profane, les langues ont l'air extrêmement diverses : entre le chinois qui ne conjugue pas les verbes et le basque qui utilise six modes et quatre voix, entre le français qui, à l'oral, marque à peine le pluriel des noms et le peul qui, lui, change à la fois leur consonne initiale et leur terminaison au point de les rendre quasi méconnaissables (comme dans wuro, *« le village », et* gure, *« les villages »)… on a le vertige! Comment les linguistes s'y retrouvent-ils ?*

— L'éventail est très large… mais il n'est pas infini. Justement, tout le travail des linguistes-typologues aujourd'hui est d'évaluer la diversité connue des langues et de voir si certaines caractéristiques sont toujours présentes, autrement dit s'il existe des universaux. Par exemple, les langues ont toujours des noms et des verbes, mais pas toujours des adjectifs : ainsi, en chinois, les mots que nous traduisons comme des adjectifs se comportent comme des verbes. Ensuite, il s'agit d'étudier tous les traits caractéristiques des langues et les relations d'implication ou d'exclusion entre ces traits pour essayer d'en tirer des lois générales. Par exemple, on sait que si une langue a un mot spécial pour le pronom réfléchi de première personne ou de deuxième personne, alors elle doit aussi en avoir un pour la troisième. En revanche, il y a des langues, comme le français, où seule la troisième personne a un pronom réfléchi, qui n'est que cela : « il se frappe » ; en effet, les pronoms réfléchis de première et deuxième personne, *me* et *te*, servent aussi de pronoms non réfléchis. L'accumulation d'observations de ce genre devrait permettre de déterminer quels sont les types fréquents, les types rares, et les types qui n'existent pas… En fait, il s'agit de restreindre la notion de langue humaine possible, ou au moins de langue humaine attestée.

– *C'est, là encore, un travail de classification ?*

– Oui. Mais d'abord il faut comprendre qu'il n'existe pas de système unifié, accepté par tous, de classification des langues sur la base de leurs caractéristiques grammaticales ou de prononciation. Il y a des milliers de caractéristiques et chacune donne une classification simple : pour la prononciation, on peut distinguer des langues selon les types de sons qu'elles possèdent, la structure de leurs mots, les séquences de sons qu'elles autorisent ou interdisent ; ou selon l'existence d'un système d'accent, comme en anglais et en japonais, ou d'un système de tons, comme en bantou et en chinois, où *ma* prononcé sur un ton haut et plat signifie *maman*, sur un ton moyen montant *chanvre*, sur un ton tombant puis remontant *cheval*, sur un ton haut tombant *injurier* …

– Une autre façon de classer les langues est de s'intéresser à leur morphologie, à la manière dont sont construits les mots...

– En effet. Traditionnellement, on distingue les langues agglutinantes, les langues flexionnelles et les langues isolantes. Dans une langue agglutinante, les préfixes ou les suffixes, dont chacun a un sens bien précis et identifiable, s'accrochent à la queue leu leu aux racines verbales ou nominales. Les langues isolantes, elles, ne contiennent que des mots invariables – et des mots composés de mots invariables simples – et n'ont en principe aucun affixe pour marquer le genre ou le pluriel ou les déclinaisons. Les vraies langues isolantes sont très rares. On cite souvent le chinois, mais ce n'est pas tout à fait vrai : le mandarin a un petit nombre de suffixes verbaux... mais, disons, le chinois se rapproche du type isolant.

« *La souris mange le chat* »

– Si je comprends bien, en chinois on ne peut pas distinguer les phrases « le chat mange une souris » et « les chats mangeront des souris » ?

– Bien sûr que si ! Il n'y a pas de difficulté particulière à traduire ces phrases en chinois. Mais dans cette langue, à la différence du français, le pluriel et le futur ne seront pas exprimés par des suffixes comme « -s » et « -ront » : on utilisera des mots grammaticaux, des nombres, des adverbes... On dira quelque chose comme « ce chat est en train de manger une souris » ou « il y a des chats (qui) vont manger souris » ; si vous laissez *souris* sans préciser le nombre, cela veut dire qu'il y en a une quantité indéterminée. Vous pouvez préciser que l'action est en cours en utilisant une locution comme *en train de*; pour indiquer qu'elle va se passer, vous pouvez mettre un verbe auxiliaire devant le verbe *manger* (ici ce serait *yào*). Enfin, le dernier groupe est celui des langues flexionnelles: comme dans les langues agglutinantes, il y a des racines et des affixes, mais, d'une part, chaque affixe n'a pas un sens unique et bien défini (par exemple, le suffixe «-ront» dans *mangeront* signale à la fois le futur, le sujet au pluriel et le sujet à la troisième personne), d'autre part, il arrive que l'affixe et la racine soient étroitement fondus l'un dans l'autre – on aura en anglais *I drink / I drank / I have drunk* (*je bois / je buvais / j'ai bu*), ou *mouse / mice* (*une souris / des souris*). Beaucoup de langues européennes sont flexionnelles à des degrés divers. Le latin est très fléchi: ce sont les fameuses déclinaisons et conjugaisons! Le français l'est beaucoup moins, surtout à l'oral; on distingue souvent le genre (*petit / petite*), mais rarement le nombre: *petit / petits* se prononcent de la même façon, tout comme *mange* dans *je mange, tu manges, il mange, ils mangent...* Dans les langues romanes, la perte des déclinaisons a été compensée par une rigidification de la syntaxe: l'ordre des mots dans la phrase n'a pas beaucoup d'importance en latin, en revanche «le chat mange la souris» et «la souris mange le chat» n'ont pas du tout le même sens en français. D'ailleurs, l'ordre des mots dans la phrase est un autre critère pour classer les langues du monde.

– *C'est-à-dire?*

– Il semble qu'une caractéristique importante des langues soit l'ordre de l'objet et du verbe: est-ce que, dans la phrase déclarative, l'objet vient avant ou après le verbe? Pourquoi?

Cela présuppose l'existence d'autres règles de syntaxe. Par exemple, dans une langue où l'objet vient avant le verbe, on s'attend à ce que l'adjectif soit placé avant le nom, le complément du nom, avant le nom, les adverbes, avant le verbe, et on s'attend à ce qu'il y ait des postpositions plutôt que des prépositions ; on s'attend aussi à ce que la langue utilise plutôt des suffixes que des préfixes. Si l'objet vient après le verbe, on trouve généralement l'inverse : l'adjectif après le nom, le complément du nom après le nom, les adverbes après le verbe, des prépositions et des préfixes. Évidemment, ce ne sont pas des lois d'airain. Ce sont plutôt des tendances statistiques.

— Aujourd'hui, après deux siècles d'analyse, peut-on dire que certaines langues sont plus complexes que d'autres ?

— Ce n'est pas inconcevable en théorie, mais, si c'est le cas, il faut bien avouer que nous ne savons pas lesquelles sont les plus complexes et lesquelles les plus simples ! Pour répondre, il faudrait d'abord que nous sachions mesurer la complexité des langues, ce que nous ne savons pas faire de manière objective. Au XIXe siècle, un linguiste comme August Schleicher – celui de la fable – pensait qu'il y avait une certaine gradation : pour lui, les langues isolantes étaient plus primitives que les langues agglutinantes, elles-mêmes étant moins avancées que les langues flexionnelles. Que ces dernières, donc, si bien représentées par les langues indo-européennes, étaient des langues supérieures. Aujourd'hui on sait que c'est faux. Mais déjà à l'époque on avait du mal à concilier cette hypothèse avec l'existence du chinois : il était difficile de dire que la langue de Confucius était la langue la plus arriérée de l'humanité !

– Arriérée, certainement pas. Reste que, lorsque l'on voit des langues aussi différentes que le sont le chinois et le turc ou le basque et le français, on ne peut pas s'empêcher de se demander si n'importe quel texte, n'importe quelle idée, est traduisible en n'importe quelle langue...

– Mais bien sûr que oui! Toutes les langues de toutes les ethnies du monde permettent de dire absolument tout ce qu'on veut. Les langues des chasseurs papous ne possèdent certes pas un vocabulaire administratif étendu, ni un vocabulaire informatique, mais ce ne sont pas de vraies lacunes: le vocabulaire, comme vous le savez, se crée ou s'emprunte. Dans leur structure, leurs langues permettent toutes d'énoncer n'importe quelle idée. Et tout est traduisible d'une langue à une autre.

– Absolument tout? Certaines théories, comme l'hypothèse Sapir-Whorf, supposent que la langue modèle tellement la pensée que les locuteurs de langues structurées différemment seraient incapables de penser le monde de la même manière...

– On manque de preuves claires pour l'affirmer. Il semblerait plutôt que la langue soit assez autonome par rapport à la pensée, et que, en tout cas, le fait de parler une langue ne conduise pas ses locuteurs à raisonner d'une manière particulière. Nous avons tous le même cerveau, en dehors de nos expériences personnelles, et les langues empruntent les mêmes chemins, et je pense aux changements stéréotypés dans la grammaire ou le sens des mots que nous avons évoqués précédemment.

Langues en voie de disparition

— Revenons à la diversité des langues parlées aujourd'hui. Cette richesse, fruit de notre longue histoire, n'est-elle pas menacée ? On ne cesse de nous alerter sur la prochaine extinction des langues.

— C'est une réalité. Selon les spécialistes de la prospective linguistique, environ trois mille langues, soit 50 % d'entre elles, seront rayées de la planète d'ici à la fin du siècle – les plus pessimistes avancent le chiffre de 90 % ! Il est très facile de prédire la mort d'une langue : il suffit de regarder la pyramide des âges de ses locuteurs ; si son socle s'amenuise, si les jeunes générations ne l'apprennent plus, elle est condamnée à plus ou moins long terme. Aujourd'hui, malheureusement, un très grand nombre de langues sont dans ce cas.

— Mais est-ce vraiment une catastrophe ? Après tout, nous l'avons vu, ce n'est pas la première vague d'extinction linguistique de notre histoire.

— La disparition d'une langue est toujours un drame : c'est l'anéantissement d'une architecture complexe, fruit d'une très longue évolution, la perte définitive d'une culture, de toute une littérature orale – car il s'agit souvent de langues non écrites –, d'une somme de traditions, de chansons, de contes, de légendes… et peut-être d'idées importantes pour l'humanité. Sans compter, on l'a vu, que le vocabulaire d'une langue, sa grammaire contiennent une quantité d'informations qui peuvent permettre de reconstruire l'histoire d'une population, les étapes de ses contacts avec les autres langues, ses relations de parenté, etc. De ce point de vue, la mort de certaines langues est une perte énorme pour notre compréhension de l'histoire de l'humanité. Je pense au tasmanien : lorsque les Anglais sont arrivés en Tasmanie au XIXe siècle, ils ont exterminé la population. Non seulement les aborigènes ont été éliminés comme des bêtes nuisibles, mais leur culture et leur histoire ont été gommées de la mémoire du monde parce que personne n'a enregistré leur langue. Or les quelques mots qui nous en restent ne montrent pas de parenté évidente avec les langues australiennes voisines. Avec le tasmanien, nous avons perdu une pièce très importante du puzzle.

— *Pourquoi les langues meurent-elles à ce point ?*

— Elles s'éteignent parce que ce sont les locuteurs eux-mêmes qui choisissent de les abandonner : des hommes, des femmes bilingues décident de ne pas transmettre leur première langue à leurs enfants, afin qu'ils ne parlent que la langue dominante et partent avec de meilleures chances dans la société. C'est leur choix, qui n'est pas forcément un mauvais calcul ; il n'est, en tout cas, pas moralement condamnable. C'est ce qui s'est passé après la conquête de la Gaule par César : la majorité de la population de la Gaule a sciemment décidé de ne plus apprendre le gaulois aux enfants afin qu'ils s'intègrent mieux dans le monde romain. Au bout de cinq cents ans, vers le milieu du Ier millénaire, plus personne ne parlait gaulois en France, tout le monde parlait une langue issue du latin, en train d'évoluer vers le français — et nous n'avons conservé que quelques dizaines de mots de cette langue celtique, comme *chêne* ou *alouette*. La même chose se passe aujourd'hui au Mexique, où les Amérindiens délaissent leur langue pour l'espagnol… Ce choix est l'affaire des individus, mais on pourrait souhaiter que les États les encouragent à préserver leur langue plutôt qu'à l'abandonner.

— *Ce qui est nouveau aujourd'hui, n'est-ce pas l'accélération de ces extinctions ?*

— Oui. Notre histoire est jonchée de langues disparues, mais le bilan des morts et des naissances est désormais très déficitaire. C'est un effet secondaire de la mondialisation : les États porteurs de l'industrialisation, du développement, de l'économie de marché propagent leurs langues... et tuent les autres. Les langues qui l'emportent sont incontestablement celles qui offrent à leurs utilisateurs de plus grandes possibilités de promotion sociale. C'est comme cela depuis le néolithique, lorsque se sont développées les langues portées par les agriculteurs dotés des technologies les plus avancées... Nous sommes dans la continuité de ce processus.

Vive le bilinguisme !

— *Alors, allons-nous tous parler anglais ou chinois, comme le prédisent certains ?*

— On ne peut pas exclure que, dans un avenir lointain, l'ensemble de l'humanité parle une seule langue, mais pour les quelques siècles à venir cela semble assez improbable. Pas comme première langue en tout cas. La domination d'une culture au niveau mondial ne dure pas assez longtemps pour qu'elle puisse imposer sa langue au monde entier ! Beaucoup de langues vont disparaître, on l'a vu, et le poids des plus parlées va encore augmenter. Mais la plupart des langues protégées par un État et probablement une bonne partie de celles qui ont une écriture vont s'en sortir.

— *On voit bien pourquoi l'écriture est un facteur de protection. Justement : combien y a-t-il de langues écrites ?*

— Encore une colle ! Je ne connais pas de statistiques fiables. Tout simplement parce qu'il est difficile de distinguer les situations où une écriture existe en étant peu ou pas du tout utilisée (c'est souvent le cas lorsque des missionnaires ont couché les langues par écrit pour mieux évangéliser les populations) de celles où une écriture est effectivement en usage. Je dirais, pour ne pas botter en touche, qu'il existe au moins soixante-cinq langues avec une importante population de jeunes lecteurs, puisque c'est le nombre de langues dans lesquelles ont été traduits les « Harry Potter » ! Le site www.omniglot.com, quant à lui, donne une traduction de l'article premier de la Déclaration des droits de l'homme dans trois cent quatorze langues. C'est une autre indication... Le français est une langue écrite, et une langue officielle dans plusieurs pays. Il est toujours transmis aux enfants, avec une pyramide des âges encore saine, et il continue d'être appris comme seconde langue par de nombreux adultes qui immigrent vers les pays francophones. Il n'a pas de souci à se faire avant longtemps.

— *Mais, en même temps, d'aucuns s'inquiètent d'une dégénérescence du français, envahi par les termes anglais, malmené par des jeunes à l'écriture SMS...*

— Quoi qu'en disent les puristes, il est normal que les langues changent. Si elles ne le faisaient pas, le français n'existerait pas : nous parlerions toujours latin ! Le changement est normal, il est sain. Il n'y a aucune raison d'avoir peur de l'«invasion» de l'anglais. L'emprunt à d'autres langues est une des formes du changement. Allons-nous rendre aux Anglais les mots *redingote* et *paquebot*? Les langues évoluent sans cesse. Dans un sens très concret, le changement est un signe de vitalité.

— *Revenons un instant à la mort annoncée de milliers de langues. Face à cette situation, les linguistes n'ont-ils pas un rôle à jouer?*

— Si, bien sûr. D'abord, leur rôle est, autant que possible, d'enregistrer ces langues avant qu'elles ne disparaissent. Ensuite, certains linguistes ont lancé des programmes pour tenter de sauver certaines d'entre elles et parfois leurs efforts sont couronnés de succès: par exemple, l'hawaïen, le maori, le gallois... semblent relever la tête. Cela arrive lorsque les locuteurs perçoivent leur langue comme un emblème de leur identité et décident de la sauver, souvent avec l'aide des linguistes. Mais ces efforts, qui ne sont donc pas forcément voués à l'échec, sont très lourds. Tout serait plus facile si les gouvernements comprenaient que le bilinguisme est tout à fait naturel, ce qui est loin d'être toujours le cas. En France, on a une peur panique du bilinguisme. Depuis la Révolution, les gouvernements successifs ont tout fait pour propager le français au détriment des autres langues régionales. Résultat: elles sont toutes – le breton, le basque, le provençal, le picard... – en très mauvaise posture; sauf, peut-être, l'alsacien, adossé à l'allemand. On observe en ce moment le même processus en Chine, où le gouvernement cherche à instaurer l'unité linguistique en imposant le mandarin. Mais c'est une erreur de croire que le monolinguisme est la seule voie de salut possible à l'échelle d'un pays. Des populations entières peuvent être bilingues ou trilingues. Regardez les

Hollandais : même si la majorité des adultes parlent l'anglais, ils n'ont pas pour autant abandonné leur langue, à laquelle ils sont très attachés.

— *Vous voulez dire que le bilinguisme est une chance, une richesse...*

— Évidemment. Lorsque les Anglais ont débarqué en Nouvelle-Guinée, les Papous, pour la plupart plurilingues, ont mis en doute l'intelligence des nouveaux venus : ils ne parlaient qu'anglais ! Tout à l'heure vous m'avez demandé si nous allions tous parler anglais ou chinois... La réponse est non, mais je suis persuadé que l'existence d'une langue internationale est un avantage pour les hommes. Le chinois, l'arabe, le latin, le français ont tour à tour servi de langue internationale dans différentes régions du monde. Aujourd'hui l'anglais a pris une extension mondiale. C'est la langue du débat scientifique, la langue des échanges internationaux ; c'est par elle que les idées passent. Apprenons-le comme seconde langue pour prendre notre place dans ces débats. Mais rien ne nous oblige à abandonner le français. Faciliter les échanges était l'intention des créateurs de l'esperanto, une langue inventée de toutes pièces au début du siècle dernier. L'esperanto ne se porte pas si mal – la preuve : il évolue ! – mais il n'est pas devenu la langue universelle rêvée. Alors, dans le même esprit, je dirais qu'il ne faut pas avoir peur de l'anglais. Et ne pas avoir peur non plus de nos langues régionales. L'avenir, c'est le plurilinguisme !

La renaissance de la parole

Dès la naissance, et même avant, chaque petit humain reprend le flambeau et réinvente le langage, comme chacun de ses ancêtres avant lui. Aujourd'hui, on comprend mieux comment se déroule cette stupéfiante et incessante renaissance dans le cerveau d'un enfant. Et on en tire de précieux enseignements.

CHAPITRE 1

Le savoir du nouveau-né

Tous les bébés du monde

– **Cécile Lestienne**: *Nous avons vu avec Pascal Picq et Laurent Sagart que le langage était depuis fort longtemps une compétence singulière de notre lignée, celle de l'homme. Aujourd'hui notre espèce parle plus de six mille langues différentes. Et, à chaque génération, nous regardons, attendris mais nullement étonnés, les enfants apprendre à parler français, yoruba ou cantonais en beaucoup moins de temps qu'ils n'en mettent à savoir lacer leurs chaussures! Pourtant le langage est une activité autrement plus complexe…*

– **Ghislaine Dehaene**: Complexe, c'est le mot! Si je vous dis une phrase simple du genre «le poisson est sur la table», pour la comprendre vous allez effectuer une multitude d'opérations. D'abord, identifier le locuteur, moi en l'occurrence, et reconnaître immédiatement si je suis une femme ou un homme, si je suis gaie, ou stressée, ou énervée en disant cela. En même temps vous discernez les sons que je prononce – grâce à un codage phonétique qui, nous le verrons, est très affecté par la langue maternelle. Et, bien que ces sons vous arrivent sous forme d'une onde acoustique continue, « lepoisssonestsurlatable », vous la découpez en mots auxquels vous attribuez un sens. Puis vous en comprenez la structure syntaxique, vous activez toutes les associations lexicales avec les mots *poisson* et *table* et intégrez le contexte pour décrypter que, en fait, je suis en train de dire « le dîner est servi, on peut passer à table »... Tout cela bien sûr en beaucoup moins de temps qu'il n'en faut pour l'expliquer : une fraction de seconde tout au plus. Et effectivement vous avez appris à faire cela enfant, bien avant de savoir lacer vos souliers.

– *D'où vient ce don de parole partagé par tous les bébés du monde ?*

– De leur cerveau. Pour apprendre à parler, on a besoin d'un cerveau et, à la limite, on n'a besoin de rien d'autre. Imaginons un enfant sous respiration artificielle, un grand prématuré par exemple : il ne pourra pas du tout utiliser son système moteur vocal... Mais cet enfant va tout de même apprendre à parler. Certes, il ne pourra pas articuler, mais il pourra comprendre. Et c'est d'abord cela, le langage. Il sera capable de prendre l'information, de la traiter et de répondre en faisant des signes, en clignant de l'œil... En fait, le langage est une compétence purement cérébrale. Mais bien sûr, pour que cette compétence puisse s'exprimer, le cerveau va mobiliser des « traducteurs » – dans l'immense majorité des cas, ce sera l'appareil articulatoire : bouche, larynx, cordes vocales – pour produire de la parole. Les enfants sourds, eux, utiliseront leurs mains pour « parler » en langue des signes.

– *Cet apprentissage commence-t-il dès la naissance ?*

– Oh, bien avant ! Au stade fœtal. Cela commence dès que le système auditif du fœtus est fonctionnel, c'est-à-dire lors du dernier trimestre de la grossesse, quand l'oreille est bien formée et que toutes les voies nerveuses jusqu'au cortex sont en place. Dès lors, le fœtus entend que l'on parle autour de lui. Mais évidemment pas comme un nouveau-né. D'abord parce qu'il est dans l'eau : il baigne dans le liquide amniotique. Ensuite, les sons sont atténués par la barrière que forment le muscle utérin et la paroi abdominale de sa mère. Enfin, la parole de ses parents est en partie masquée par le bruit. Car le milieu utérin, loin d'être le monde du silence que l'on imagine, est très bruyant : flux artériel dans le placenta, borborygmes intestinaux et battements cardiaques de la mère... Résultat : le fœtus peut percevoir la voix de son père, mais elle reste très lointaine, sauf si ce dernier parle collé contre le ventre de sa femme ! Seule la voix de la mère est très proche, car elle est transmise par voie aérienne, comme tous les sons, mais aussi par les vibrations qui résonnent dans les os et les tissus... jusqu'à l'oreille du fœtus.

Dans le vacarme maternel

– *Comment sait-on que le bébé, dans le vacarme du ventre maternel, est véritablement sensible à la parole et qu'il commence déjà son apprentissage du langage ?*

– On l'a testé. L'une des premières expériences est celle du Français Jean-Pierre Lecanuet dans les années 1980 : il a mesuré la fréquence cardiaque de fœtus âgés de 36 à 40 semaines avec un appareil de monitoring (le même que celui utilisé lors des accouchements) pendant que fonctionnait un haut-parleur placé sur le ventre de leur mère. Le haut-parleur diffusait d'abord « babi-babi-babi... » puis « biba-biba-biba... » et systématiquement le rythme cardiaque des fœtus changeait. Donc les fœtus perçoivent et analysent les sons extérieurs. Nous savons maintenant que ces premiers contacts avec la parole laissent une empreinte mnésique chez les bébés. On s'en doutait cependant grâce à une autre étude menée sur des femmes enceintes habitant près de l'aéroport d'Osaka, très fréquenté. On avait comparé leurs nouveau-nés après l'accouchement à des bébés qui venaient d'emménager dans le quartier, et on s'était aperçu que ceux dont les familles vivaient près de l'aéroport depuis longtemps restaient impassibles lorsqu'un avion décollait, alors que les nouveaux venus sursautaient... Bien sûr, on pouvait toujours penser que ce comportement était influencé par les mères, elles-mêmes dérangées par le bruit. Alors on a monté une expérience plus contrôlée : on a demandé à des mères de réciter une comptine, une petite chanson comme *Une poule sur un mur...*, pendant les dernières semaines de la grossesse, et à d'autres de scander une autre comptine, comme *Am stram gram*. Puis on a testé les bébés après la naissance pour savoir quelle comptine ils préféraient entendre. Eh bien la comptine familière a remporté la quasi-totalité des suffrages. Ce qui prouve bien qu'ils avaient appris quelque chose lorsqu'ils étaient dans le ventre de leur mère.

— *Alors cela donne du poids à ceux qui préconisent de faire entendre du Mozart ou de l'anglais aux bébés encore dans le sein de leur mère pour les rendre plus intelligents ?*

— Non, ce n'est pas beaucoup plus sérieux que les envies de fraises pendant la grossesse supposées provoquer des taches aux bébés. Écouter de la musique classique, parler littérature à l'enfant que l'on porte n'augmentera pas son QI! D'un autre côté, cela ne lui fera pas de mal non plus. Et si la mère a envie d'entrer ainsi en contact avec son bébé, pourquoi pas? Mais, scientifiquement parlant, on ne peut surinterpréter les résultats de ces expériences. Elles montrent tout simplement que le fœtus se prépare à apprendre à parler dès la fin de la grossesse. Et c'est déjà beaucoup, car à la naissance les nourrissons font preuve de compétences remarquables: à 3 ou 4 jours de vie, ils savent notamment reconnaître la voix de leur mère et même différencier leur langue maternelle d'une langue étrangère.

– *Pas la peine alors de vouloir transformer son bébé en génie: c'est déjà un génie!*

– Je n'irais peut-être pas jusque-là. Mais, sans verser dans les excès médiatiques actuels qui font du nourrisson un être omniscient, les travaux en psychologie cognitive de ces dernières années ont permis de reconnaître que le bébé n'est pas une larve, comme on l'a longtemps pensé, une *tabula rasa* attendant l'empreinte d'un environnement qui le doterait progressivement de capacités de plus en plus complexes, mais que bon nombre de fonctions cognitives supérieures comme le langage mais aussi le calcul ont des prémices chez les nouveau-nés. Et même chez le fœtus, on vient de le voir.

La voix de maman

– *Le nourrisson n'est pas une larve, tous les parents seront d'accord avec vous. Pour autant, même aveuglés par leur amour, ils ne décèleront pas facilement des compétences linguistiques ou mathématiques chez leur bébé avant plusieurs mois au moins...*

– Les chercheurs ont des moyens de tester les tout-petits que n'ont pas les parents. Comme la bonne vieille technique de la succion non nutritive : on installe tranquillement le bébé dans un transat, et on lui donne à sucer une tétine munie d'un capteur de pression relié à un ordinateur. Quand il n'y a pas de lait à la clé, le bébé a une succion très particulière, par trains : il tète beaucoup puis fait une pause, tète à nouveau beaucoup puis fait une pause... On enregistre son rythme de base, puis on observe ce qui se passe lorsqu'on lui fait entendre un son après chaque succion. Le nourrisson, intrigué, augmente sa succion, puis après quelques minutes la nouveauté s'estompe et les succions diminuent. On change alors le son. Si le nourrisson perçoit la différence, on voit son rythme de succion augmenter – car il veut comprendre ce changement. Puis l'enfant s'habitue à nouveau et, l'ennui aidant, son rythme de succion retourne à la normale. Bien sûr, cette méthode est très indirecte, et un bébé peut augmenter sa succion parce qu'il a faim, ou la diminuer parce qu'il s'endort. On est donc obligé de tester un grand nombre d'enfants pour s'assurer que c'est bien le changement de son qui provoque la réaction du bébé et modifie son rythme de succion. C'est avec cette technique que le psycholinguiste Jacques Mehler a montré il y a vingt ans qu'un nourrisson de 3 ou 4 jours ne parvient pas à discriminer deux voix de femmes qui lui sont inconnues. En revanche, il reconnaît la différence entre la voix de sa mère et celle d'une autre femme qui parle à son enfant ! Mieux : à cet âge si tendre, le bébé reconnaît sa langue maternelle. C'était ma première étude en France : des phrases d'une femme bilingue qui parlait en français et en russe étaient présentées à des nouveau-nés. Résultat : non seulement les bébés percevaient la différence entre les deux langues, mais ils semblaient préférer nettement leur langue maternelle car ils tétaient plus fort lorsqu'ils l'entendaient.

— Cette connaissance de leur langue maternelle a-t-elle été acquise dans les trois ou quatre jours de leur vie ou date-t-elle de leur séjour dans le ventre maternel, justement ?

— Le meilleur moyen de le savoir serait de les tester à la naissance, juste à la sortie de la salle de travail ! Une manip pas très facile à monter, vous l'imaginerez facilement. Pour l'instant, nous n'avons tenté l'expérience qu'une seule fois : exposés aux mêmes phrases en russe et en français que les bébés de 4 jours, les tout nouveau-nés n'ont pas perçu de différence. Mais il faut dire que les conditions d'écoute avant et après la naissance sont très différentes, passant d'un son étouffé à toute la richesse spectrale de la voix. Peut-être n'avaient-ils pas eu le temps de s'accoutumer à ce changement. On ne sait pas très bien non plus si, à la naissance, ils sont capables de réguler leur succion : ils n'ont encore jamais tété, ces enfants-là ! C'est le problème des résultats négatifs : on ne peut pas dire si le bébé ne sait pas faire ce qu'on lui demande ou si, à ce moment-là, cela ne l'intéresse pas assez pour qu'il ait envie de nous montrer quelque chose… Il faut sans cesse réitérer les expériences, vérifier les résultats. Mais ce n'est pas aussi facile que cela en a l'air ; les bébés ne sont pas toujours coopératifs : certains s'endorment, d'autres pleurent… Et, bien sûr, il est hors de question d'insister : on n'est pas là pour malmener les nourrissons mais pour découvrir leurs compétences… Pour s'assurer d'un seul résultat, on est donc obligé de tester un très grand groupe de bébés :

au moins quatre-vingts. Cela ne vous paraît peut-être pas énorme, mais cela exige au minimum six mois de travail par expérience... La productivité de ce type de recherche n'est donc pas phénoménale et peu de laboratoires dans le monde travaillent sur ce sujet.

— *Pour résumer, à la naissance, disons à trois ou quatre jours de vie, les bébés sont déjà très doués : ils reconnaissent leur langue maternelle, la voix de leur mère...*

— Oui, ils ont déjà des compétences intéressantes. Apparemment, ils ne reconnaissent pas encore la voix de leur père, qui était moins présente dans la vie utérine que celle de leur maman. Désolée pour les papas ! Mais ils reconnaissent les comptines que leur mère a chantées pendant la grossesse, ils distinguent parfaitement les différents types de sons : parole, bruit, musique... Ce qu'ils préfèrent, et de loin, c'est la parole, particulièrement celle de maman ! Ils font la distinction entre « ba » et « pa », par exemple, ou entre « biba » et « babi ». Ils préfèrent des syllabes bien formées comme « pat » à des suites de consonnes comme « pft ». Ils sont sensibles au nombre de syllabes dans les mots et remarquent lorsque l'on passe d'une liste de mots bisyllabiques à une liste de mots trisyllabiques. Ils sont même plus forts que les grandes personnes : ils perçoivent des différences que nous, adultes, ne percevons plus parce qu'elles ne sont pas utilisées dans notre langue. Ainsi, les adultes japonais ont du mal à distinguer le son « r » et le son « l » alors que les nouveau-nés japonais le font parfaitement...

« *Ba-be-bi-bo-bu* »

– *On en arrive à la question classique: ces compétences sont-elles innées ou acquises?*

– C'est justement le débat. Tout le monde reconnaît que le langage est acquis puisque le bébé apprend la langue particulière de son environnement. Ce qui est sujet à controverse, ce sont les mécanismes cérébraux qui permettent au petit d'homme d'apprendre à parler. Première hypothèse: l'évolution nous aurait simplement (par rapport à nos proches cousins les chimpanzés) dotés d'un très gros cerveau, gros cerveau qui nous donnerait des capacités de « calcul » exceptionnelles – un peu comme un gros ordinateur... C'est cette puissance de calcul qui nous rendrait si intelligents et qui nous aurait permis d'inventer le langage comme nous avons inventé la musique ou les mathématiques... Apprendre à parler serait, dans ce cas, un apprentissage comme un autre, ne reposant sur aucune particularité cérébrale... Seconde hypothèse: notre histoire évolutive nous aurait procuré un système de communication particulier et singulier, le langage, tout comme elle a développé chez la chauve-souris un système de repérage des obstacles et des proies particulier, l'écholocation, que ne possèdent ni les écureuils volants ni les oiseaux. Nous aurions donc dans le cerveau des réseaux neuronaux particuliers dédiés au traitement de la parole, actifs dès le départ, et qui expliqueraient l'appétence du bébé pour le langage, qui le pousseraient à sélectionner la parole parmi tous les sons qui parviennent à son oreille et à reconnaître les signes et les combinaisons de signes de la langue parlée autour de lui.

— Quels sont les arguments des tenants de la première hypo-thèse, ceux qui pensent que le cerveau humain ne possède pas un système spécifique inné pour le langage?

— Je vais vous en donner un relatif à la perception des pho-nèmes. Le phonème est la plus petite unité sonore de la parole. Par exemple, *bateau* a quatre phonèmes, «b», «a», «t» et «o», et ne diffère de *gâteau* que par le premier pho-nème, «g» ou «b». Ces briques élémentaires sont essentielles à la richesse de la communication, car on peut générer de nombreux mots en les combinant de façon différente. Nous n'en sommes pas conscients, mais nous ne percevons pas les phonèmes comme nous percevons les autres sons de l'envi-ronnement. Deux propriétés sont en effet essentielles pour la compréhension de la parole: la normalisation et la catégo-risation. La première est notre capacité à identifier le même phonème malgré des différences importantes dans le signal acoustique. Autrement dit, on pourra vous dire «ba», «ba», «ba» sur tous les tons, en soupirant, en hurlant, en chucho-tant… avec une voix grave ou aiguë, vous entendrez toujours «ba». Donc vous négligez des différences acoustiques impor-tantes de manière à maintenir l'identité du phonème «ba». La catégorisation est liée au fait que nous mettons des fron-tières nettes entre les phonèmes: si une voix artificielle passe progressivement de «ba» à «da», vous ne percevez pas la progression, vous entendez soit «ba», soit «da». Là, à l'in-verse de la normalisation, une variation ténue du signal va changer radicalement votre perception, vous faisant passer de «ba» à «da». On a longtemps cru que la perception catégo-rielle était proprement humaine… Jusqu'au jour où l'on a appris à des chinchillas à faire la même chose! Puis à des moineaux. Si des oiseaux, qui ne parlent pas, peuvent fort bien distinguer le «ba» du «da», alors où est la spécificité humaine? Elle serait dans la taille du cerveau. Mais les partisans de la seconde hypothèse, dont je suis, rétorquent que le moineau n'apprend pas tout seul à distinguer le «ba» du «da»: il faut l'entraîner. Et si vous changez de voyelle pour «bi» et «di», il faut recommencer l'entraînement à zéro. C'est très différent de ce qui se passe chez le petit d'homme… Autre exemple: les tamarins, de petits singes d'Amérique du Sud, sont comme les nouveau-nés capables de distinguer l'anglais du japonais! Ainsi, certaines compétences du nouveau-né semblent très proches de celles d'autres animaux, mais en quelques mois les petits humains vont les surpasser, et ceci apparemment sans effort. Nous devons donc comprendre pourquoi.

Nourrisson dans son aimant

— *Le langage alors serait comme un module dans le cerveau, qui reposerait sur des mécanismes précis, spécifiques, et serait, jusqu'à un certain point, indépendant des autres fonctions cognitives, voire de l'intelligence?*

— Les travaux que nous menons depuis quelques années en imagerie cérébrale semblent confirmer cette hypothèse: il existe bien des circuits neuronaux qui semblent très adaptés pour traiter la parole dans le cerveau des tout-petits. Reprenons la perception des phonèmes… Chez des nourrissons de quelques jours à 2 mois, pour voir si la perception des phonèmes activait les mêmes régions que chez l'adulte, nous avons utilisé la méthode dite «des potentiels évoqués», qui consiste à enregistrer l'activité électrique du cerveau. Pour cela, on met sur la tête du bébé un «joli bonnet» d'électrodes: un filet avec soixante-quatre capteurs (nous avons aussi un modèle à cent vingt-huit capteurs pour les adultes), puis on lui présente un stimulus, comme une lumière, une image ou un son. La région du cerveau qui traite ce stimulus va alors modifier son activité neuronale, et donc l'activité électrique que nous enregistrons – évidemment, il y a un peu de calcul à faire pour soustraire le bruit de fond, car le cerveau ne reste jamais inactif, et repérer le potentiel précisément évoqué par le stimulus. On met ensuite tout cela en images pour récapituler les événements électriques. Dans les faits, cette technique est assez simple à utiliser: le bébé est installé confortablement sur les genoux de sa mère avec son bonnet d'électrodes sur la tête. On lui fait entendre «ba, ba, ba, ba, ba, ba, ba...» puis «ba, ba, ba, ba, da...», par exemple. Ou alors on teste le changement de voix ou celui du timbre de deux sons électroniques... Et que voit-on? Que le nourrisson active les mêmes régions cérébrales que l'adulte!

– *Exactement les mêmes?*

– Oui. Le changement de phonème active les régions temporales gauches, et le changement de voix est plutôt perçu par l'hémisphère droit. Chez le bébé comme chez l'adulte – pour autant que l'on puisse le voir avec cette technique d'imagerie. Il faut dire que la technique des potentiels évoqués a beaucoup d'atouts: une grande facilité d'utilisation, une grande précision temporelle – on peut suivre la progression du traitement d'un stimulus de milliseconde en milliseconde. Mais elle a une limite: la localisation des régions cérébrales actives ne peut être que supposée. En effet, du fait de la diffusion du champ électrique, il est difficile de connaître l'origine exacte des activités que l'on mesure à la surface de la tête, et donc de localiser les régions cérébrales actives à un moment donné. Pour obtenir une géographie précise du cerveau en activité, il faut employer l'imagerie par résonance magnétique ou IRM. L'IRM, c'est tout simplement un énorme aimant : lorsqu'une zone du cerveau est activée, elle a besoin de plus d'oxygène, le flux sanguin augmente dans cette région, ce qui modifie les propriétés magnétiques des tissus.

– *C'est ce que l'on peut détecter grâce à l'aimant de l'IRM ?*

– Exactement. À l'inverse de la précédente, cette technique n'a pas une précision temporelle terrible (il faut six secondes pour atteindre le maximum de changement du débit sanguin lié à l'activité neuronale déclenchée par le traitement du stimulus). En revanche sa précision géographique est excellente : on cerne très finement les régions activées. L'autre différence – et de taille ! – est la difficulté d'utilisation : l'IRM est une énorme machine très bruyante et on doit allonger les enfants dans une sorte de tunnel avec un casque antibruit sur la tête dans lequel on a caché des haut-parleurs. Or les bébés ont très souvent horreur d'être couchés dans un endroit nouveau parce que pour eux cela signifie « dodo » et qu'ils n'ont aucune envie de dormir alors qu'il se passe tant de choses intéressantes autour d'eux. L'IRM est tout sauf conviviale ! Après 6 ans, l'enfant peut comprendre ce qu'on attend de lui. Avant, c'est vraiment difficile, sauf avec les très jeunes nourrissons, que l'on parvient facilement à distraire avec des images de spirales ou de visages que l'on projette sur un petit miroir au-dessus de leur tête, ou qui s'endorment facilement – on peut faire certaines études même avec des sujets endormis.

Ce que dit le cerveau

— *Quels ont été les premiers résultats obtenus avec ces techniques ?*

— On a d'abord étudié la latéralisation des zones du langage dans le cerveau. Vous savez que ces zones sont majoritairement situées à gauche chez la plupart des adultes, droitiers comme gauchers ; on pense qu'environ 5 % seulement des êtres humains ont les zones du langage localisées à droite — pour des raisons qui nous échappent, mais cela fait probablement partie des variations biologiques normales. La question légitime concernant les nourrissons était : cette latéralisation à gauche est-elle présente dès le départ ou est-elle la conséquence de l'apprentissage d'un stimulus particulier, la parole, dont les caractéristiques acoustiques (comme la rapidité de l'information transmise : savez-vous par exemple que la différence entre « b » et « d » existe pendant seulement quarante millisecondes ?) sont mieux traitées par les régions auditives gauches ? Le seul moyen de le savoir était de visualiser le cerveau du bébé en action grâce à l'IRM. Eh bien, dans notre étude, l'écoute de leur langue maternelle chez des enfants de 3 mois activait les mêmes régions temporales que chez les adultes, avec une nette asymétrie en faveur de l'hémisphère gauche. Une deuxième étude nous a permis de montrer que ces régions ne répondent pas en bloc mais sont déjà différenciées avec une organisation hiérarchique, tout comme chez l'adulte.

— *Conclusion ?*

– Cela semble évidemment confirmer notre hypothèse : si la langue maternelle est bien apprise par les enfants, il existe des réseaux neuronaux dont l'organisation particulière favorise cet apprentissage. La surprise dans ces résultats a été de voir que le lobe frontal – tellement immature à cet âge qu'il a même été parfois considéré comme inactif – jouait déjà un rôle. Une région frontale droite, active chez l'adulte quand il se souvient d'avoir entendu un mot, était activée chez les nourrissons quand ils écoutaient leur langue maternelle, mais seulement lorsqu'ils étaient éveillés, non quand ils dormaient – comme si le bébé se disait : « ah, ah, mais j'ai déjà entendu cela quelque part ». Cette région lui sert sans doute à reconnaître que l'intonation d'une phrase est caractéristique de sa langue maternelle. Une autre région frontale, cette fois-ci à gauche, qui sert à l'adulte lorsqu'il doit mémoriser un numéro de téléphone ou une table de multiplication, répond elle aussi chez le bébé quand celui-ci reconnaît qu'une phrase est répétée. Bien sûr, les bébés de 3 mois que nous testons ne reconnaissent pas les mots ou le sens de la phrase, comme le ferait un adulte, mais ils s'appuient sur les éléments mélodiques de la phrase, c'est-à-dire son rythme et son contour intonatif, pour l'analyser. Le cerveau du nourrisson n'est décidément pas une cire molle attendant d'être façonnée par le monde extérieur. Il est structuré en régions fonctionnelles qui vont l'aider dans son apprentissage.

– *Vous voulez parler des zones de Broca et de Wernicke qu'a déjà évoquées Pascal Picq ?*

– Pas seulement. Ces deux régions découvertes initialement par deux neurologues du XIXe siècle, Wernicke et Broca, lors d'autopsies de patients aphasiques – c'est-à-dire qui souffraient de troubles du langage – sont, bien sûr, cruciales dans la production et la perception de la parole. Mais ce sont également les connexions de ces régions entre elles et avec le reste du cerveau, de même que la synergie entre toutes ces régions, qui sont importantes. Pour en revenir à l'activation que nous avons détectée dans la région frontale gauche, ou aire de Broca, chez nos nourrissons de 3 mois, elle est surprenante, car cette région assure chez l'adulte des fonctions qui sont à cet âge soient encore très immatures, comme la production verbale, soient inexistantes, comme l'analyse grammaticale de la phrase. Mais des travaux récents – Pascal Picq vous en a déjà parlé – ont montré que, dans l'équivalent de cette région chez les singes macaques, il y a des neurones particuliers, appelés « neurones miroirs », qui s'activent non seulement lors de la réalisation d'une action, mais aussi dès que le macaque voit ou entend un congénère effectuer cette même action. Ces « neurones miroirs » permettraient d'avoir un code commun à la perception et à la production de gestes. Or la parole implique, elle aussi, une séquence de gestes articulatoires que le bébé ressent lorsqu'il vocalise, qu'il voit lorsque ses parents lui parlent en face à face, et qu'il entend. Cette aire de Broca pourrait donc être cruciale pour unifier ces différentes représentations motrices, visuelles et auditives. Ce qui est remarquable, c'est que l'activation de cette région n'est pas la conséquence d'un long entraînement moteur puisque les bébés de cette étude ont 3 mois et vocalisent encore très peu. Cette région pourrait au contraire guider l'apprentissage moteur en créant des séquences « modèles » fondées sur cette intégration multi-modale.

La musique de la parole

— C'est vraiment fascinant de savoir que l'on peut «voir» le cerveau des bébés fonctionner. On a l'impression que l'on va percer tous leurs secrets...

— Oh! On en est très loin! D'abord parce que ces études d'imagerie sont très récentes: une vingtaine d'années pour les potentiels évoqués, encore moins pour l'IRM. Et cela n'avance pas très vite, car les hôpitaux sont encore assez pauvres en IRM et l'essentiel du temps machine est donc consacré à la clinique; il en reste très peu pour la recherche. Ensuite, vous l'imaginez bien, ce sont des expériences encore plus difficiles à monter que les expériences de succion. Le problème le plus délicat est le mouvement: si avec nos capteurs nous enregistrons l'activité électrique du cerveau, nous enregistrons également l'activité musculaire des yeux par exemple, ou des muscles du cou! Pour l'IRM, c'est encore plus problématique, car, si le bébé bouge, les images successives que nous prenons pour suivre l'activation de son cerveau ne sont plus alignées! Comme il est difficile d'empêcher un enfant de remuer, nous nous heurtons à de gros problèmes dans la correction de ces artefacts.

— Alors revenons à ce que l'on sait des compétences du nouveau-né. Il reconnaît donc sa langue maternelle, mais comment? À quelques jours de vie, son vocabulaire ne doit pas être si étendu qu'il puisse le distinguer de celui d'une autre langue...

— Ce ne sont pas les paroles qu'il reconnaît mais la «musique» de la parole, ce que l'on appelle la «prosodie». Dès la naissance, le nouveau-né classifie grossièrement les langues – même celles qu'il n'a jamais entendues – suivant leurs caractéristiques mélodiques et rythmiques : des nouveau-nés français de 4 jours font ainsi la différence entre des phrases anglaises et des phrases japonaises. Cette classification des langues est imparfaite, puisqu'elle ne leur permet pas de distinguer ces mêmes phrases anglaises de phrases hollandaises, celles-ci étant trop proches prosodiquement parlant. Cette analyse de la parole est néanmoins suffisante pour permettre aux nourrissons de se former rapidement pendant les premières semaines de vie une ébauche de repré-sentation de leur langue maternelle, qui les amène à réagir différemment à des phrases selon qu'elles appartiennent à cette dernière ou pas.

– Si je comprends bien, un bébé «francophone» de quelques semaines est censé réagir, «s'étonner», s'il entend s'exprimer dans sa langue l'ami allemand ou chinois de ses parents par exemple ?

– Absolument. Une expérience classique consiste à placer deux haut-parleurs devant un bébé, l'un à sa droite, l'autre à sa gauche, chacun diffusant de temps en temps des phrases dans une langue différente ; puis on mesure à quelle vitesse l'enfant tourne la tête vers la source du son. À 2 mois, les petits Américains se tournent résolument plus vite vers le haut-parleur «anglophone» que vers le «francophone» ; c'est l'inverse pour les petits Français du même âge. À 4 mois, on obtient le même type de résultat avec des bébés espagnols et catalans, et pourtant la prosodie des deux langues est très, très proche… Encore mieux, à 5 mois, les petits Américains distinguent l'anglais américain de l'anglais britannique !

Phonèmes sans frontières

— *C'est cette reconnaissance de la musique de leur langue qui leur permet ensuite d'en comprendre les paroles?*

— Oui, mais cela va se faire par étapes. Les nourrissons vont d'abord reconnaître les sons: vers 4/6 mois, ils deviennent sensibles aux phonèmes de leur langue. Nous avons vu, avec Laurent Sagart, que chaque langue n'utilise en effet qu'un répertoire restreint des phonèmes possibles: les Anglais, par exemple, n'utilisent pas le «u» français et les Français n'utilisent pas le «th» anglais, tandis que les Japonais ne connaissent pas notre «r» et ne le distinguent pas du «l». On observe que les nourrissons deviennent particulièrement sensibles aux voyelles de leur langue vers 6 mois et aux consonnes vers 8 mois. Au point que, petit à petit, ils perdent la capacité de distinguer des phonèmes qui ne sont pas utilisés dans leur langue maternelle.

— *Vous voulez dire que leur oreille se ferme?*

— Leur oreille ou leur cerveau... Tout se passe comme si, à la naissance, tous les nourrissons du monde étaient capables de distinguer tous les phonèmes de toutes les langues du monde; ils entendent tous les accents toniques. Ensuite, ils «perdent» les contrastes qui ne sont pas utilisés dans leur langue. L'expérience majeure dans ce domaine est celle de la Canadienne Janet Werker: elle a montré que des nourrissons anglophones de 6/8 mois distinguent parfaitement «da» de «Da» (c'est-à-dire «da» prononcé avec la langue très en arrière: un contraste consonantique utilisé en hindi) mais que, un peu plus tard, entre 8 et 10 mois, ces bébés, comme tous les Anglais, ne perçoivent plus la différence, alors que bien entendu les petits Indiens n'ont aucun mal à le faire. Peut-être la réalité est-elle un peu plus complexe et subtile que cette expérience ne le laisse penser… Les grandes frontières entre les phonèmes sont certainement innées, mais d'autres sont, je pense, apprises – par exemple, les Espagnols, les Français et les Anglais ne mettent pas la frontière exactement au même endroit entre le « pa » et « ta », et cette différence est certainement acquise. Quoi qu'il en soit, ce codage phonétique est ensuite profondément ancré dans le cerveau.

– C'est ce qui explique que nous ayons tellement de mal à apprendre une deuxième langue et surtout à la parler sans accent ?

– Tout à fait. Chez l'adulte, la perception de la langue se fait à travers le filtre de la langue maternelle, c'est-à-dire que toute parole entendue est codée dans un format acceptable par la langue maternelle. Par exemple, un Italien entendra deux mots pour « an<u>co</u>ra » et « anco<u>ra</u> » là où vous n'en percevrez qu'un, car l'accent tonique n'est pas significatif en français. Mieux : *ebzo* sera entendu « ebzo » par un Français et « ebouzo » par un Japonais. Pourquoi ? Parce que le japonais ne permet pas de succession de consonnes : le mot *restaurant*, qu'il nous a emprunté, se dit « resoutoran ». Donc, si on prononce « ebzo », un Japonais, inconsciemment et automatiquement, insérera le son « ou » entre le « b » et le « z ».

– Ce qui veut dire que l'on peut avoir des « hallucinations auditives » et entendre des phonèmes qui n'ont pourtant jamais été prononcés ?

– C'est exact ! Je vous l'ai dit : la parole entendue est recodée dans la palette phonologique de la langue maternelle. Et, dans cette palette, il y a les enchaînements de phonèmes possibles et ceux qui ne le sont pas. Ce recodage est sans doute très utile pour corriger automatiquement les erreurs de prononciation et inexactitudes de langage de la personne qui nous parle, et ainsi améliorer la transmission rapide de l'information. Pour revenir aux bébés, parallèlement à leur affinement des représentations phonémiques de la langue maternelle, les nourrissons entre 6 et 9 mois accroissent leur connaissance des règles phonotactiques de leur langue, c'est-à-dire de la succession de phonèmes permise ou non à l'intérieur des mots. Par exemple, en français, aucun mot ne comporte la succession « mk », qui est par contre possible en néerlandais. Et si on leur donne à écouter des listes de pseudo-mots respectant ou non ces règles, ils préféreront celles qui comportent des mots possibles dans leur langue.

Soixante-dix muscles pour parler

— Jusqu'ici nous n'avons parlé que de compréhension, de perception de la parole, et non de phonation. Pourtant le bébé n'est pas muet...

— À la naissance, presque ! Et dans les premières semaines il pleure beaucoup ! Progressivement, certes, il va commencer à vocaliser, à « chanter » des « ahhhh » et des « euhhhh ». Mais ces productions restent très limitées aux sons provoqués par une entrée brutale d'air dans le conduit vocal ouvert. Ces sons sont presque produits par accident et sont très peu modulés.

– Est-ce à cause de son larynx ? On lit souvent que la position haute du larynx chez les nouveau-nés les empêche de parler tout comme elle empêche les grands singes d'articuler...

– S'il n'y avait que la position du larynx ! Il y a bien d'autres facteurs qui empêchent le nourrisson de parler : d'abord il a une grosse langue encombrante à l'étroit dans sa bouche. Ce n'est que vers 3 mois que les proportions de son visage changent, que son maxillaire s'allonge et que sa langue est alors moins compressée. Ensuite, son contrôle moteur est parfaitement immature : il est suffisant pour qu'il puisse téter mais pas assez pour maîtriser les articulateurs. Pour parler comme je vous parle, je dois coordonner environ soixante-dix muscles ! Un nourrisson est parfaitement incapable de le faire, même s'il en a envie, même s'il en a la compétence.

– C'est-à-dire ?

– Il y a une différence entre compétence et performance. Un jeune bébé est incapable d'attraper un objet, et même d'ébaucher le geste d'attraper, toujours pour la même raison : immaturité motrice. Si vous l'observez, vous verrez qu'il a des membres tout raides et l'axe tout mou. Il y a déjà quelques années, un pédiatre, le docteur Grenier, a montré que si l'on stabilise fortement la colonne vertébrale d'un nourrisson il tend le bras pour essayer d'attraper un objet placé devant lui. Preuve que, s'il n'attrape pas les objets, ce n'est pas faute d'envie ni d'idée ni de compétence, mais parce que la performance, la maturité motrice, n'est pas au rendez-vous.

– Mais cette maturité vient avec le temps : quel est le calendrier normal des performances vocales du bébé ?

– Vers 2 / 3 mois, donc, le bébé commence à vocaliser des « ahhh » et des « euhh » que sa mère reprend avec fierté. Il essaie alors de l'imiter : elle ouvre la bouche, il ouvre la bouche, elle tire la langue, il tire la langue... On discerne déjà là un jeu de communication, même si l'on est encore loin du langage. Dans les semaines qui suivent, il s'adonne à de nombreux jeux vocaux : il chuchote, grogne, crie pour tester la hauteur de sa voix et le niveau sonore. Il émet des bruits de friction, de murmure nasal (« mmmm »), il roucoule et fait des trilles. Il claque la langue, il ferme et ouvre la bouche... Bref, il commence à exercer ses articulateurs. Il mélange un peu les différentes fonctions orales, et certaines productions s'accompagnent autant de sortie de salive que d'expulsion d'air, quand ce n'est pas la purée de carottes qui arrive sur le chemisier de maman ! Mais, petit à petit, une certaine maîtrise se met en place et l'on voit apparaître les premières consonnes : « awa », « abwa », « am »... les plus faciles. Car prononcer une consonne est difficile : pour faire un « b », il faut apprendre à complètement fermer les lèvres puis à faire « exploser » le son... En général, il n'y arrive pas avant l'âge de 7 mois.

« Papapapapa... »

– *Vous avez dit qu'il fallait contrôler environ soixante-dix muscles pour parler...*

– Exactement. Articuler exige de contrôler et de coordonner les mouvements du larynx, de la glotte, du voile du palais, de la mâchoire, des lèvres, de la langue... et de synchroniser la respiration avec l'activité des cordes vocales. Juste pour vous donner une idée, il y a douze muscles pour les lèvres, neuf pour la langue, dix pour l'os hyoïde, etc.

Coordonner efficacement cet ensemble ne se fait pas en un jour mais en plusieurs mois... Très vite les bébés savent mettre en correspondance un son et la vision des lèvres prononçant ledit son. Par exemple, si vous ouvrez la bouche pour dire « aaaa » et qu'on lui fait entendre « iiiiiiii », ça ne lui plaît pas ; s'il entend « iii », il veut voir une bouche qui s'étire... Nous aussi, nous nous servons de la vision : lorsque vous regardez la télé et que le son est un tout petit peu décalé, c'est très gênant. Cette aptitude à lier vision et audition est très importante pour le développement de la parole : en regardant le visage et la bouche de sa mère et des autres personnes qui s'occupent de lui, le bébé approfondit ses connaissances des relations entre perception des sons et articulation, sans doute grâce à cette aire de Broca dont nous avons vu l'importance. Et c'est ainsi qu'entre 6 et 10 mois, le plus souvent vers 7 mois, il se met à babiller : « babababa », « papapapa »... Et c'est le papa qui exulte !

– « *Bababa* », « *papapa* »... *cela sonne de façon familière. Le babillage serait-il une langue universelle ?*

– Pas du tout ! On a longtemps cru que le babillage était une suite de sons variés mais aléatoires, sans aucun rapport avec les premiers mots prononcés par la suite. C'est faux : les bébés babillent dans leur langue maternelle ! Et cela s'entend très bien, d'ailleurs. Il y a une vingtaine d'années déjà, la psycholinguiste Bénédicte de Boysson-Bardies a fait écouter à des adultes francophones des échantillons de babillages de nourrissons de 8 mois français, arabes et cantonais... À 70 % les adultes ont reconnu le babillage des petits Français. Pourquoi ? Parce que le babillage des enfants suit le même rythme, le même contour intonatif, la même palette de phonèmes que leur langue maternelle. Les bébés arabes utilisent des « r » roulés très en arrière que ne connaissent pas les bébés français, les bébés cantonais produisent de multiples petites variations de hauteur qui préfigurent les tons de leur langue. Lors d'une autre expérience, Bénédicte de Boysson-Bardies a montré que le babillage français a une structure consonne-voyelle : « ba, ba, ba », alors que le babillage des petits Nigérians parlant yoruba obéit à une structure voyelle-consonne-voyelle : « aba, aba… », car en yoruba la majorité des mots commencent par une voyelle !

Babillage et gazouillage

– *Babiller est donc au bébé ce que faire ses gammes est au pianiste ?*

– Tout à fait. Le babillage lui permet de s'entraîner. Les bébés gazouillent tout seuls et prennent beaucoup de plaisir à s'entendre. Ils calibrent leur vocalisation. D'ailleurs, si avec un casque spécial on modifie le retour – on transforme le « ba, ba, ba » qu'ils chantonnent en « be, be, be », par exemple –, ils modifient leur production pour entendre ce qu'ils voulaient dire ! Donc ils calibrent.

– *Mais veulent-ils vraiment dire quelque chose ?*

– Je ne peux pas encore vous répondre. Dans quelques années peut-être, quand nous aurons plus d'expérience en imagerie… Mais ils sont vraisemblablement engagés très jeunes dans le désir de communiquer. On le remarque dès les premiers mois de vie, où se met en place ce face-à-face entre la maman et le bébé, où chacun imite l'autre tour à tour et où l'échange visuel est très intense. Nous sommes des animaux sociaux, ne l'oublions pas, et l'échange est crucial dans notre espèce, notamment pour l'apprentissage. Voilà pourquoi asseoir votre bébé devant la télévision ne va pas développer son langage! Il lui faut également interagir! Par exemple, nous avons vu que les nourrissons perdent vers 8/10 mois les distinctions entre les phonèmes qui ne sont pas utilisés dans la langue maternelle. Patricia Kuhl, une chercheuse américaine, a donc fait jouer pendant vingt-cinq minutes, trois fois par semaine pendant un mois, des petits Américains de 9 mois avec une jeune femme chinoise pour un groupe et, pour un autre groupe, avec une jeune femme anglaise. Les enfants exposés au chinois (même si six heures sur un mois représentent relativement peu de temps) ont conservé leur capacité à discriminer un contraste mandarin, et se comportaient donc comme les petits Chinois qui entendent du mandarin depuis la naissance, alors que les enfants de l'autre groupe ont, comme prévu, perdu cette capacité. Patricia Kuhl a alors fait venir deux nouveaux groupes d'enfants américains et, au lieu de les faire jouer avec la jeune femme chinoise, elle leur a présenté soit les enregistrements audio, soit les enregistrements audio-vidéo du premier groupe. Eh bien ni le groupe audio ni même le groupe audio-vidéo n'ont conservé cette capacité à distinguer le contraste mandarin. Cette étude prouve très clairement que l'exposition à une langue n'est pas en soi suffisante. Il faut un engagement actif du bébé dans une relation avec autrui pour qu'il apprenne à parler.

CHAPITRE 2

Des mots pour le dire

« *Tuveuxtonbiberon* »

– *À 9 mois, le bébé est donc un petit génie de la phonétique, complètement modelé par les sons de sa langue maternelle. Mais le langage, ce n'est pas seulement une suite de phonèmes, ce sont des sons qui ont un sens. Comment le sens vient aux enfants ?*

– Progressivement, bien sûr. Entre 8 et 12 mois, le bébé commence à être sensible à la forme sonore des mots dans sa langue maternelle. C'est une étape importante, car dans la conversation courante les mots sont rarement isolés. Le signal acoustique est continu et les mots ne sont pas séparés par des silences – contrairement à un texte écrit, où ils sont séparés par des espaces. Vous écrivez : « tu veux ton biberon ? », mais vous dites à votre enfant : « tuveuxtonbiberon ? ». C'est le cerveau qui découpe le flux de paroles en mots. Encore faut-il qu'il ait appris à le faire : si vous entendez quelqu'un parler dans une langue étrangère que vous ne connaissez pas, vous êtes submergé par un flot de paroles dans lequel vous êtes bien incapable de vous repérer. C'est donc ce que le bébé apprend dès l'âge de 8 / 9 mois : distinguer les mots comme *biberon* dans «tuveuxtonbiberon?». À 12 mois, il identifiera entre quarante et cinquante mots. Pour cela, il va mettre en œuvre une vraie stratégie d'analyse de la parole.

— Autrement dit, il a plusieurs types d'indices à sa disposition pour découvrir les mots dans la phrase?

— Oui. Le premier indice est la prosodie, le rythme de la parole. Lorsque l'on parle, on fait des pauses, ne serait-ce que pour reprendre sa respiration. Et on ne respire pas n'importe quand — pas au milieu d'un mot, par exemple. Ensuite, sauf à être abscons, on découpe ses phrases : on dit «Isabelle / vouslesavez / esttrèsjolie», et non «Isabellevouslesavezesttrès- jolie». En français, on a tendance à baisser l'intonation et à allonger la dernière syllabe des mots... Très tôt, les bébés sont sensibles à ce découpage prosodique. À 8 mois, ils sont plus sensibles à des phrases où un silence est introduit entre le sujet et le verbe, qui est une frontière naturelle, plutôt qu'entre le verbe et le complément d'objet, qui n'est pas une frontière naturelle. À cet âge-là, ils ont d'ailleurs déjà égale- ment appris le schéma accentuel des mots de leur langue. Par exemple, en anglais, la forme sonore la plus fréquente des mots est une syllabe forte suivie d'une syllabe faible : Bébé John préfère écouter une liste de mots qui respectent ce rythme plutôt qu'une liste de mots ayant le schéma accen- tuel inverse. Un deuxième indice leur est fourni par l'analyse statistique des suites de phonèmes dans la parole.

Détecter les syllabes

– Encore une fois, vous traitez le bébé de statisticien! Les enfants sont donc tous des génies du calcul?

– De ce qu'on appelle le calcul neuronal, oui. Le cerveau n'est pas un ordinateur – nous y reviendrons –, mais tous ces travaux semblent montrer qu'il y a bien, dans le cortex des petits enfants, des circuits neuronaux qui leur permettent d'apprendre à parler dans un temps relativement court finalement, étant donné la complexité du langage humain. Et quand on les observe, ils agissent vraiment comme de petites machines. Aux États-Unis, des chercheurs ont fait écouter pendant deux minutes à des nourrissons de 8 mois une suite de syllabes comme celle-ci: «bidakupadotigolabubidakugolabu». Remarquez que, dans cet exercice, certaines syllabes sont toujours suivies par les mêmes, comme dans «bidaku». Si «bi» est toujours suivi de «da» et «da» toujours suivi de «ku», «ku» par contre, est suivi, dans notre exemple, de «pa» ou de «go». Eh bien, au bout de deux minutes, on remarque que les bébés préfèrent écouter la liste qui comporte «bidaku», «padoti» et «golabu» plutôt que celle qui comporte «dakupa», «tigola» et «labubi». Ils ont donc «calculé» les fréquences de transition entre les syllabes et fait l'hypothèse que, jusqu'à preuve du contraire, «bidaku» était un mot possible alors que «kupado» ou «dakupa» avaient moins de chance de l'être. Il leur faut deux minutes seulement pour faire cette analyse!

– Cela paraît prodigieux!

— Restons modestes. C'est une performance que réalisent aussi les singes tamarins et les rats ! Ces calculs, qui nous semblent très compliqués quand il faut les expliquer, représentent en fait un des calculs de base que fait le cerveau en permanence : il établit les corrélations entre deux événements visuels ou auditifs. Et, évidemment, le système linguistique tire profit de cette capacité de calcul statistique pour déterminer quelles sont les séquences sonores les plus fréquentes. Donc, en français, la suite de phonèmes « tr » étant plus fréquente que « lr », il postule que « tr » peut exister dans un mot alors que « lr » est peu probable. Ainsi, par exemple, dans l'expression « la gazelle rapide », les bébés en déduisent qu'il existe une frontière de mots entre « l » et « r » : « gazelra » n'est pas un mot. Cette stratégie est parfois source d'erreurs, comme le prouvent le « nananas » ou le « navion » produits quelques mois plus tard. « Na » est en effet un début de mot tout à fait licite en français : « un avion » est donc facilement segmenté en « un navion ».

— *Le bébé extrait les mots, mais est-ce qu'il les comprend ? Passe pour le « navion », mais si « bidaku » est un mot...*

— Effectivement, toutes ces études suggèrent que les nourrissons remarquent les formes acoustiques des mots bien avant d'en connaître le sens. L'Américain Peter Jusczyk a montré que des bébés de 7 mois auxquels on répète le mot *king* (« roi ») plusieurs fois préfèrent ensuite écouter des phrases qui contiennent le mot *king* alors que, à cet âge, ils n'en comprennent certainement pas le sens. Ils aiment écouter le mot *king*, mais il est remarquable de constater que le mot *kingdom* (« royaume ») ne leur fait aucun effet ! Preuve qu'ils ont correctement isolé et mémorisé le mot *king*. C'est donc bien la forme acoustique qui est reconnue longtemps avant le sens. Exception faite, peut-être, du prénom et des mots *papa* et *maman*.

Du mot au concept

— *Certains auteurs affirment en effet que les nourrissons reconnaissent leur prénom dès l'âge de 4 mois.*

— Mais est-ce que le bébé sait vraiment que *Baptiste* ou *Juliette*, c'est lui? Je n'en suis pas sûre. Peut-être prête-t-il simplement une attention particulière à son prénom parce qu'il l'a entendu des milliers de fois, et souvent de façon isolée. Longtemps on a cru que le bébé devait connaître toute une série de concepts avant de posséder les mots. Par exemple, on imaginait que, à force de voir passer les voitures, l'enfant comprenait le concept de voiture et qu'il suffisait alors que sa mère lui dise «voiture» pour qu'il associe le mot au concept. Cela se passe effectivement ainsi… quand, adulte, on apprend une deuxième langue! Dans ce cas, on associe une nouvelle forme acoustique à un sens qu'on possède déjà. Mais ce n'est pas du tout la stratégie utilisée par l'enfant qui apprend à parler. Il reconnaît d'abord la forme des mots. Puis lui associe un concept.

— *La forme précède toujours le sens?*

— Chez le tout-petit, très certainement, puisque dans la première année il repère déjà beaucoup de formes sonores, sans connaître forcément le sens qui y est rattaché. Un exemple très classique de l'indépendance de la forme et du sens est celui du lexique des couleurs. Il n'est pas rare de voir un jeune enfant le posséder vers 2 ans : *jaune, rouge, bleu*... Mais, parfois jusqu'à 4 ans, il n'est pas capable de mettre en relation son stock de noms de couleur avec les couleurs qu'il perçoit : vous lui montrez du bleu, il va dire « rouge » ou « jaune ». Ce n'est pas qu'il confonde ces couleurs, il les distingue parfaitement ; mais il sort au hasard un nom de couleur car il ne fait pas encore la bonne relation. De même, on sait très bien que l'enfant apprend les noms de nombres (*un, deux, trois, quatre, cinq*...) longtemps avant de savoir les associer à un nombre réel !

— *Oui, mais ils n'attendent pas toujours d'avoir 4 ans pour associer mot et sens.*

— Bien sûr ! Vers 6/8 mois, un bébé est sensible à des mots fortement associés à des situations précises. Par exemple, il va agiter la main quand sa mère lui dit « au revoir », ou taper dans ses mains quand il entend « bravo ». Mais cela relève plus du conditionnement que de la compréhension. C'est à 9 mois que l'enfant commence à attribuer un sens aux mots qu'il reconnaît. Même s'il est assez difficile de déterminer jusqu'où va cette compréhension. Tous les parents peuvent observer que leur bébé regarde ses pieds lorsqu'on lui dit « chaussures » ou le biberon lorsque l'on dit « biberon ». Mais il est assez difficile de tester quel sens exact il attribue à un mot. Le mot *chaussures* est-il bien corrélé à la chose chaussures ou aux pieds ? Ou au deux ? Pour lui, *chaussures* signifie-t-il ses chaussures bleues ou toutes les chaussures parce qu'il possède le concept de chaussures et qu'il est capable de catégoriser ?

— *Les enfants semblent être des champions de la catégo-risation : il est tout à fait fascinant de voir un petit appeler* chien *des animaux aussi différents qu'un pékinois et un dober-man!*

– Oh! Mais les enfants se trompent! Quand le bébé commence à parler, il appelle parfois tous les oiseaux *poule*, par exemple… Et il peut appeler *chien* un chat. Mais, effectivement, il ne dénommera jamais *chien* une chaise ni même un poisson. Que notre enfant ne mette pas dans le même panier une chaise et un chien ne nous étonne pas, et pourtant ce serait logique: ils ont, tous les deux, quatre pattes!

La boîte à couleurs

– *Justement. Comment fait-il alors pour savoir que* chien *désigne aussi bien le labrador chocolat du voisin que le caniche blanc de sa grand-mère, que tout le monde appelle «Fifi» mais qui n'a aucun rapport avec le gros matou d'à côté? Ni évidemment avec la chaise. Et que le mot* chien *désigne l'animal dans son ensemble et pas seulement sa truffe ou ses poils?*

– Au départ, l'enfant regroupe les objets qui ont des propriétés similaires. Un doberman ou un caniche sont des «objets» qui se déplacent, aboient, ont le même nombre de pattes… À mesure de l'approfondissement de ses connaissances, le bébé va affiner ses catégories et s'appuyer sur des connaissances plus contextuelles: «Celui-ci est un chien que je connais, donc il peut s'appeler "Fifi"; ce chien a bien quatre pattes et se déplace mais fait "miaou" et pas "wouah-wouah", donc il est possible que *chien* ne soit pas le bon mot, et justement maman vient de dire un mot que je n'avais pas encore remarqué, *chat*, donc "chat" et "chien" sont deux catégories différentes.» Il est évident que ce processus de catégorisation est biaisé dans certaines directions, et que la notion d'animé est plus importante que la notion de quatre pattes par exemple, ce qui explique que le bébé puisse nommer *chien* un chat, mais pas une table.

– *Les animaux aussi savent catégoriser. Les geais bleus par exemple sont capables de catégoriser différents types de feuilles en fonction des chenilles qui s'en nourrissent, une catégorisation évidemment en relation avec leurs préférences alimentaires...*

– Oui. Et les macaques, on le sait, sont capables de catégoriser les fruits en fonction de leur couleur, de distinguer entre animé et inanimé, entre animal et non animal... Cette faculté est très certainement fondamentale pour reconnaître rapidement les aliments comestibles, les prédateurs, etc. Chez l'homme, le développement de cette faculté est le fruit de son histoire évolutive. L'organisation du cerveau l'amène à regrouper ensemble les objets qui ont les mêmes propriétés visuelles, de texture, de couleur, de forme, ceux qui semblent réagir de la même façon, ceux sur lesquels il peut effectuer les mêmes actions. Le résultat est un regroupement d'objets ou de concepts qui partagent des propriétés similaires, et ces objets sont classés, rangés dans des «boîtes» différentes.

– *Vous voulez parler de «boîtes» sémantiques différentes?*

– C'est une façon de parler... Mais on sait grâce à l'observation de patients victimes d'un accident vasculaire cérébral qu'il est possible de conserver une faculté de langage normale et de perdre uniquement les noms d'animaux, ou ceux des nombres, ou ceux des fruits et légumes, ou seulement les verbes... Est-ce que ces catégories sémantiques sont effectivement chacune stockées dans des zones très localisées du cerveau? Probablement. Pensez à l'exemple des noms de couleur que je vous donnais tout à l'heure. L'imagerie montre d'ailleurs que ce ne sont pas tout à fait les mêmes endroits qui s'activent selon que l'on récite la liste de ses achats au marché ou que l'on nomme les habitants du zoo! Mais tout est dans la région temporale basse. Certains pensent que les verbes d'action sont stockés près des représentations motrices, que les mots associés à la nourriture sont mémorisés près des zones de traitement des couleurs et des odeurs…

Mères volubiles

– *À vous entendre, le cerveau serait donc vraiment comme une machine, avec des cases en blanc à remplir…*

– Attention! Il ne faut pas se laisser abuser par le vocabulaire. Oui, nos travaux montrent que le cerveau n'est pas une page blanche, qu'il est organisé en régions fonctionnelles distinctes qui collaborent étroitement. Mais le cerveau n'est pas un ordinateur. Il obéit à des lois propres, fruit de son héritage biologique et évolutif, que les sciences cognitives essaient d'appréhender. Voyez l'«effet Stroop». Il s'agit d'une expérience très célèbre de psychologie expérimentale: on demande aux participants de nommer la couleur de l'encre dans laquelle des mots sont imprimés sur la page. Pour des mots comme *chat* ou *canapé*, la tâche est facile; mais si *vert* par exemple est écrit en rouge, alors les sujets sont considérablement ralentis, car ils sont troublés par l'interférence entre la couleur de l'encre et le sens du mot. Dans cet exemple, on voit bien que pour répondre il n'est pas nécessaire d'accéder au sens du mot, et pourtant cet accès se fait automatiquement et vient gêner la réponse. Alors qu'un ordinateur n'aurait aucun mal à réussir cette opération.

— *Revenons au bébé qui, à la fin de sa première année, prend conscience que les mots ont un sens.*

— Son obsession est, à ce moment-là, de reconnaître les mots et de les relier à un sens. Il fait alors des progrès formidables. La vitesse d'apprentissage d'un enfant à l'autre peut être assez variable, mais disons qu'il comprend de quarante à cinquante mots pour son premier anniversaire, et plus de trois cents à 16 mois. Tout cela en moyenne, évidemment. Cela dépend des enfants, et des cultures : les bébés américains sont réputés pour parler plus vite que les bébés japonais. C'est en tout cas ce qui ressort des questionnaires auto-administrés du type « à un an, combien de mots comprend votre enfant ? ». Mais peut-être que les mères américaines sont tout simplement plus tolérantes sur ce que peut être un mot que les mères japonaises !

— *Elles sont aussi réputées pour être moins réservées, plus expansives et pour parler avec des intonations très exagérées à leurs enfants. En France, on s'est longtemps demandé s'il était bon ou mauvais pour les petits de leur parler «mamanais», d'utiliser un vocabulaire bébé comme* lolo, toto *ou* ouah-ouah.

— Dans nos sociétés occidentales, on parle en général sur un ton particulier aux enfants, surtout les mères. Elles répètent les mots ou les phrases, exagèrent les contours d'intonation et les expressions faciales, parlent lentement et tiennent un discours relativement simple (elles débattent rarement de physique quantique avec leur fils de 10 mois). Quant au vocabulaire «bébé»... Tous les enfants du monde apprennent à parler grosso modo au même âge, et pourtant, d'une culture à l'autre, les parents s'adressent de manière très différente à leur bébé. Dans certains pays, on murmure lorsque l'on parle à un petit ; dans d'autres, au contraire, on élève le ton. Parfois on ne s'adresse pas de la même façon aux petits garçons et aux petites filles. Parfois, on ne leur parle pas directement tant qu'ils ne savent pas parler eux-mêmes ; parfois aussi, on les inonde de paroles. Ailleurs, on répète beaucoup les mots et les phrases, ou on les explicite sans cesse… Malgré toutes ces variations culturelles, tous les enfants apprennent à parler correctement leur langue maternelle.

De la compréhension à la parole

— *Conclusion : le rôle des parents est donc limité dans cette histoire…*

— Les parents n'apprennent pas à parler à leurs enfants. Ils leur fournissent des modèles de langue et de culture… Je ne veux pas dire que l'environnement linguistique n'a aucune importance – il en aura d'ailleurs beaucoup, plus tard, notamment sur l'étendue du vocabulaire, la richesse de la syntaxe, la clarté de l'articulation. Mais je veux souligner que le besoin de communiquer *via* la parole est, dans notre espèce, un moteur d'apprentissage extrêmement puissant : les bébés apprennent à parler quel que soit leur environnement.

— *Ils comprennent en tout cas beaucoup plus vite qu'ils ne parlent, tous les parents le savent.*

— La production du langage est en effet très en retard sur la compréhension. Pour les raisons que nous avons déjà évoquées : le contrôle moteur de la parole est très difficile. Les enfants commencent à comprendre le sens des mots vers 9 mois, on l'a dit. Ils commencent à les prononcer de façon véritablement intentionnelle entre 11 et 14 mois, pas avant. D'après une étude anglophone, à 16 mois, ils comprennent de 92 à 320 mots mais n'en produisent que de 10 à 180.

– *Quels sont les premiers mots qu'ils prononcent ? Est-ce toujours* papa *et* maman *?*

– Souvent. Et souvent *papa* avant *maman*, d'ailleurs, sans doute parce que *papa* est plus facile à dire que *maman*. Ce sont d'abord des mots très simples comme, en français, *papa*, *dada*, *bobo*… Mais jamais *fifi* ou *pioupiou*, plus difficiles à articuler. Les syllabes sont souvent répétées, comme dans les vrais mots *bébé* ou *bonbon* par exemple, mais aussi dans des mots comme *dada*, *lolo*, *dodo*, là encore parce que le geste moteur est plus facile. C'est la simplification des gestes moteurs qui entraîne des expressions comme « papo » pour *chapeau*, « tato » pour *gâteau*, qui provoque l'omission des consonnes finales (« cana » ou « caca » pour *canard*), la réduction des groupes de consonnes (« tin » pour *train*, « bawo » pour *bravo*), ou encore la diminution du nombre de syllabes (« efan » pour *éléphant*)… Mais cela change beaucoup d'un enfant à l'autre selon les phonèmes qu'il aime prononcer. Cette période-là est souvent assez difficile, l'enfant n'est pas très performant : il dit beaucoup de choses, pas toujours compréhensibles. Quoique, là encore, cela dépende des cultures… Les parents américains reconnaissent souvent des mots que des oreilles moins aimantes ont du mal à distinguer, d'autant plus que l'anglais comporte beaucoup de monosyllabes ou des mots avec une syllabe très accentuée. Donc, les enfants américains produisent beaucoup de monosyllabes : *book*, *dog*, mais aussi «da» ou «dad» pour *daddy* – car le bébé va garder la première syllabe du mot, celle sur laquelle porte l'accent.

– *Ce premier lexique comporte essentiellement des noms...*

– Là aussi, cela dépend des cultures et de la structure de la langue maternelle. Par exemple, les petits Coréens utilisent beaucoup plus de verbes que les petits Anglais, surtout abonnés aux noms... Les formules de politesse sont essentielles dans la culture japonaise et les bébés japonais les utilisent très vite, alors que les termes d'action (*jouer, sauter, danser*) prédominent chez les petits Suédois et les mots liés à la nourriture... chez les bébés français !

CHAPITRE 3

Réinventer le langage

Premières phrases

— *Entre 18 mois et 2 ans, le vocabulaire de l'enfant s'accroît de façon exponentielle : on dit qu'il apprend dix mots par jour ! D'où provient cette accélération ?*

— Il y a plusieurs hypothèses. Soit il s'agit d'une question de maturation du cerveau : tout à coup, il serait capable de stocker beaucoup plus de mots. Soit l'explication est d'ordre fonctionnel, ce serait comme au ski : au début vous tombez souvent, vous vous emmêlez les bâtons... alors vous restez sagement sur la piste verte. Puis, soudain, vous avez fait suffisamment de progrès, et hop, vous vous lancez sur la piste noire ! Cette étape dans l'apprentissage du langage serait ainsi une question de seuil, d'habileté, de confiance en soi à partir du moment où l'on domine ses articulateurs... À moins que cette accélération ne provienne tout simplement d'une plus grande richesse du monde du bébé, qui bouge désormais et fait ses propres expériences. Combien de fois peut-il faire tomber son jouet de sa chaise, le récupérer, le refaire tomber, etc. ? Comme un jeune Adam devant la création, notre bébé a besoin de nommer toutes ces choses qu'il découvre lui-même. Ces trois hypothèses ne s'excluent d'ailleurs pas.

— *Avec l'accroissement du vocabulaire viennent les premières phrases…*

— Pas très élaborées, le plus souvent. Du type «papa parti», «bébé bobo»… L'enfant n'utilise ni les pronoms ni les articles, et ses «phrases» ne dépassent pas deux ou trois mots. On a d'ailleurs longtemps soupçonné que les enfants de cet âge étaient agrammaticaux, c'est-à-dire qu'ils ne comprenaient même pas les mots de fonction. Peut-être l'a-t-on cru parce que, alors, la majorité des études concernaient des enfants anglophones et qu'en anglais ce sont des mots très peu accentués. Reste qu'un jour on a fait l'expérience: on a fait écouter à des bébés des phrases uniquement composées de noms et de verbes. Eh bien ils n'ont pas du tout aimé! En fait, ils comprennent et attendent les articles, les prépositions, etc. Des travaux récents d'Anne Christophe montrent que ces petits mots sont cruciaux pour les bébés et les aident pour déterminer quelle est dans une phrase la fonction grammaticale du mot qui suit. Si un bébé de 23 mois entend «regarde, il vouiche» ou «regarde, la vouiche», il comprendra dans le premier cas que *vouiche* est un verbe et désigne l'action, et dans le second cas que *vouiche* est un nom et désigne l'objet. Donc, si les enfants ne produisent pas ces petits mots grammaticaux, ce n'est pas parce qu'ils ignorent la grammaire, au contraire! C'est sans doute parce que enchaîner une suite de plusieurs mots demande un contrôle fin de la séquence motrice articulatoire, à la limite de leurs capacités. Oublions les mots accessoires et concentrons-nous sur les mots de contenu pour nous faire comprendre! Le reste viendra après.

Les beaux parleurs

— Oui, mais pas de la même manière pour tout le monde : à ce stade, on n'a pas l'impression que les enfants aient tous la même stratégie pour apprendre à parler. Et les différences individuelles semblent colossales.

— Vous avez raison : à chacun son style ! Pour faire simple, on peut classer les enfants qui commencent à parler en trois catégories. La majorité (75 %) ne s'expriment qu'avec des mots : « gâteau », « sortir », « maman partie »… Souvent ce sont des méticuleux qui s'efforcent de prononcer correctement « train » et non « crin » ou « tin ». D'autres, les émotionnels (environ 20 %), ont un mode de communication plus emphatique : très prolixes, ils produisent de très longs discours dans lesquels on reconnaît bien les contours intonatifs de la langue… mais presque aucun mot ! Leurs « phrases » ne veulent pas dire grand-chose. Certains, enfin, les plus rares (5 %), décident de ne rien dire – ou presque – tant que leur parole n'est pas parfaite. Ces perfectionnistes comprennent très bien ce qu'on leur dit. Mais leur vocabulaire est très pauvre, jusqu'au jour où, d'un coup, ils construisent de belles phrases complètes.

— Vers quel âge ?

— Là encore, c'est très variable. Vous rencontrez de beaux parleurs de 20 mois et des enfants qui attendent l'entrée en maternelle pour se faire comprendre. Mais disons qu'entre 2 et 3 ans l'enfant en général acquiert la syntaxe. Steven Pinker dit qu'un enfant de 3 ans est un génie grammatical. Et c'est vrai ! À la fin de la troisième année, il domine les pronoms personnels, la voix passive, les négations, l'accord sujet / verbe, le genre, les verbes pronominaux, etc. Il construit des phrases de plus en plus longues, avec des relatives. Il est capable de raconter un événement ou une histoire, d'expliquer les choses en enchaînant quatre ou cinq phrases à la suite... En fait, il a tout compris du langage. Même s'il fait encore beaucoup de fautes.

– *Mais pas n'importe lesquelles...*

– Effectivement. D'abord il fera des fautes liées à la syntaxe de sa langue maternelle. Ainsi, un petit Italien se permettra d'omettre le sujet parce que, dans sa langue, le sujet n'est pas toujours obligatoire, mais pas un petit Français... qui, lui, fera de très jolies fautes de grammaire comme «les petits garçons prendaient des bonbons» ou «les chevals sontaient partis»... Vous voyez, ce sont des fautes très particulières qu'un étranger apprenant notre langue ne ferait pas. Pourquoi? Parce que l'enfant surgénéralise les règles de grammaire. Il a du mal à retenir les irrégularités, donc il ne va pas marquer le pluriel – qui s'entend rarement en français – de *cheval* et conjuguer *prendre* comme *vendre*... Bref: il applique la règle! Alors qu'un étranger se trompera peut-être sur «chevals» mais n'inventera jamais une forme qu'il n'a jamais entendue comme «prendaient».

– *Cela n'apporte-t-il pas de l'eau au moulin du linguiste Noam Chomsky, dont nous parlions avec Pascal Picq au début de ce livre : il y aurait donc bien, dans le cerveau humain, une grammaire universelle innée?*

– Disons, encore une fois, que notre cerveau a une organisation qui lui permet de reconnaître dans l'environnement les sons de la parole et qu'il possède les outils pour extraire les structures de ces éléments sonores, pour aller chercher les règles et se les approprier. C'est le propre du langage humain. Bien sûr, ce calcul cérébral est complètement inconscient : par exemple, avant d'apprendre à lire, l'enfant ne sait pas que *bateau* et *biberon* commencent par le même son. En tout cas, il n'est pas capable de le dire. Et pourtant il utilise le phonème tout à fait correctement.

Dix mille mots !

— *De la même façon, il est incapable de réciter les terminaisons de l'imparfait… tout en conjuguant si régulièrement qu'il va dire « prendait » au lieu de « prenait » !*

— Exactement. Je ne sais pas s'il existe une grammaire universelle au sens que lui donne Noam Chomsky, mais on peut remarquer qu'autrefois, dans les colonies, les esclaves de différentes ethnies créaient rapidement un pidgin, un moyen de communication rudimentaire « moi Tarzan, toi Jane » pour se comprendre. Et que leurs enfants transformaient systématiquement ce pidgin en créole : c'est-à-dire en une vraie langue, avec des règles de grammaire nées probablement de cette faculté de surgénéraliser que possèdent les petits d'hommes qui apprennent à parler.

— *Quoi qu'il en soit, un enfant de 3 ans ne sait probablement toujours pas lacer ses chaussures, mais il doit être un vrai locuteur ?*

— Oh ! Il va encore faire beaucoup de progrès : accroître son vocabulaire – à 6 ans, il possèdera dix mille mots ! –, peaufiner sa maîtrise de la grammaire et de la syntaxe! Mais disons qu'il n'aura plus d'étape cruciale à franchir cognitivement parlant; ce sera juste une question de maîtrise et de pratique. Cela étant dit, un enfant DOIT-il parler à 3 ans? Il n'y a pas de réponse simple: comme je vous l'ai dit, les variations individuelles sont très importantes. La courbe d'apprentissage est très étalée. Il est difficile de savoir si l'enfant qui ne parle pas bien à cet âge est juste un peu décalé dans son apprentissage ou si ce retard est signe de pathologie. Selon les études, 8 à 10 % des enfants ont des troubles d'apprentissage du langage: ce n'est pas négligeable... La première cause à rechercher, bien sûr, c'est la surdité.

– Chez un enfant de 3 ans! La surdité peut passer inaperçue jusqu'à un âge aussi avancé?

– Oui, très souvent. D'abord parce qu'il y a différents degrés de surdité: tous les malentendants ne sont pas atteints d'une surdité totale. Ils entendent mal, mais ils entendent un peu. Et souvent les enfants sont malins: ils compensent leur handicap, utilisent tous les indices à leur disposition pour comprendre ce qui se dit: quand maman arrive avec le manteau, cela signifie très probablement «on va sortir»... Cela explique que nombre de parents, qui n'ont jamais envie de toute façon d'admettre que leur enfant n'est pas exactement comme les autres, mettent beaucoup de temps avant de s'inquiéter suffisamment pour aller consulter l'ORL. Il ne faut pas leur jeter la pierre: ce handicap n'est vraiment pas facile à repérer. Il y a quelques années, une étude systématique sur tous les adolescents du département d'Indre-et-Loire avait décelé une baisse importante de l'audition chez un nombre non négligeable d'entre eux à cause de l'usage immodéré du walkman. Eh bien, personne ne s'en était aperçu: ni les parents, ni les profs, ni les intéressés eux-mêmes! C'est d'ailleurs un réflexe à avoir face à la baisse soudaine des performances scolaires d'un enfant: vérifier chez l'ORL qu'il ne s'agit pas tout simplement d'un problème d'ouïe.

Des gènes du langage?

– *Quelles sont les autres causes des troubles du langage?*

– Elles sont multiples. Le langage est un système complexe, on l'a vu, et le cerveau, un organe fragile. Face à un enfant qui parle peu ou mal, on peut parfois incriminer une malformation congénitale ou une lésion, séquelle d'une méningite, d'une mauvaise oxygénation à la naissance ou d'une très grande prématurité... Ou alors ces difficultés d'apprentissage sont liées à un retard mental global ou à d'autres pathologies comme l'autisme. Et, bien sûr, quand on a éliminé toutes ces causes, on soupçonne les gènes.

– *Comme le gène FoxP2, présenté il y a quelques années comme le gène du langage?*

– FoxP2 a été isolé grâce à une famille anglaise (connue sous l'abréviation de KE) dont près de la moitié des membres a des troubles du langage et présente une mutation de ce gène. On a d'abord cru que leur grammaire était essentiellement défaillante et l'on a clamé un peu vite avoir trouvé LE gène du langage. En fait, les membres de cette famille ont des troubles de l'articulation et donc, évidemment, ils ne se lancent pas dans de longues phrases trop difficiles pour eux. Cela étant dit, FoxP2 est un gène intéressant parce qu'il n'est pas spécifique au cerveau : il s'exprime aussi dans le poumon, le cœur et les intestins. Il n'est même pas spécifique à l'homme : il existe chez la souris et les oiseaux, par exemple. Ce gène est relativement stable à travers toutes ces espèces. Il est à 98 % similaire entre l'homme et l'oiseau, mais il a muté deux fois depuis la divergence de l'homme et du chimpanzé, ce qui témoigne d'une pression sélective récente intense. De plus, les modélisations mathématiques de la variabilité inter-espèce indiquent que la configuration actuelle se serait établie il y a 200 000 ans, à un moment où le langage pourrait être apparu chez nos ancêtres. Enfin, chez l'oiseau, ce gène s'exprime dans des régions qui contrôlent la production du chant, surtout pendant la période critique de l'apprentissage. Chez l'humain, les études d'imagerie de la famille KE mettent en évidence des anomalies des réseaux contrôlant la planification et l'exécution des mouvements de la bouche et du visage – d'où les problèmes d'articulation des membres atteints de la famille. On peut penser que l'évolution de FoxP2 a effectivement joué un rôle dans l'apparition du langage. Ce n'est certainement pas LE gène du langage, mais c'est un gène qui contribue à une cascade génétique qui participe au langage, notamment dans son versant productif.

– *Il n'y a donc pas* un *mais* des *gènes du langage, comme le disait Pascal Picq.*

– Exactement. Plusieurs gènes sont impliqués. Pour parler, il faut aussi bien distinguer «be» de «te» que posséder une syntaxe et avoir un lexique... D'ailleurs, il n'y a pas une, mais des dysphasies. Certains enfants articulent très mal, mélangent l'ordre des phonèmes («bourette» pour *brouette*, par exemple), d'autres ont des troubles de compréhension de la parole malgré une audition parfaite. D'autres encore possèdent un vocabulaire particulièrement pauvre, éprouvent des difficultés à retrouver les mots, manient une syntaxe très fantaisiste (ou sont agrammaticaux), omettent articles et prépositions, et prononcent des phrases comme «je veux dehors aller», «je mange ça» pour «je la mange»; le style reste télégraphique à un âge où il ne devrait plus l'être. Conclusion : il y a probablement des gènes différents derrière tout cela. On espère bien sûr que la recherche va avancer dans ce domaine, car ce sont des troubles assez difficiles à vivre pour ces enfants qui ont du mal à communiquer alors que, le plus souvent, ils ont par ailleurs une intelligence tout à fait normale.

Einstein, ce « retardé »

– *Le langage n'est donc pas corrélé à l'intelligence ?*

– Non. En tout cas, pas de façon simple ni évidente. La preuve : ces enfants dysphasiques sont dotés parfois d'une intelligence supérieure à la normale. Et, à l'inverse, les enfants atteints du syndrome de Williams, qui sont logorrhéiques, font des phrases compliquées et emploient des mots rares, mais leur éloquence cache un retard intellectuel plus ou moins important.

– *On connaît l'exemple, très rassurant pour les parents, d'Albert Einstein, réputé ne pas avoir parlé avant l'âge de 4 ou 5 ans.*

– Oui. Einstein a parlé tard, semble-t-il, et longtemps avec lenteur. Pour quelle raison ? Personne n'était là pour poser un diagnostic. Le petit Albert vivait dans une société rigide avec une mère austère... Alors peut-être ne parlait-il pas avec les adultes autour de lui tout simplement parce qu'il n'en avait pas envie. Sans plaisanter, tout retard n'est pas forcément signe de pathologie.

— Einstein a souvent dit que le langage ne jouait aucun rôle dans sa pensée, et qu'il pensait d'ailleurs rarement en mots : il avait des sortes d'intuitions fulgurantes qu'il avait ensuite du mal à traduire en paroles.

— Il faut remarquer que les concepts inventés par Einstein étaient tellement en avance sur son époque qu'il n'est pas étonnant qu'il ait peiné pour trouver les bons mots pour les exprimer. La relation entre langage et pensée est complexe. Sans langage, comment maîtriser des notions abstraites ? Emmanuelle Laborit, la célèbre actrice sourde, raconte que, avant d'apprendre la langue des signes, elle ne possédait pas la notion de temps et elle n'avait pas le sens de l'avant et de l'après. On peut rétorquer que certains animaux ont la notion du temps — cela a été démontré chez les rats, par exemple ; mais, sans langage, ils ne peuvent ni la mettre en forme ni la communiquer. Bref, le langage est indispensable pour structurer sa pensée et la partager avec d'autres. Il permet certainement de mettre en synergie différentes compétences cognitives... Mais cela n'empêche pas qu'il puisse y avoir des formes de pensée sans langage comme la musique, et les intuitions mathématiques par exemple.

Si l'enfant ne parle pas

— *On comprend bien ce que le langage apporte aux autres fonctions cognitives. Alors que faire quand son enfant ne parle pas bien?*

— Sans s'affoler, si un enfant de 3 ans ne parle pas ou si personne ne le comprend en dehors du cercle familial, mieux vaut consulter. S'il s'agit d'un simple retard, cela rassurera les parents. S'il s'agit d'un vrai trouble du langage, plus tôt le diagnostic est posé, plus tôt on intervient, plus grandes sont les chances d'amélioration.

— *Parce qu'il existe des traitements?*

— Tout dépend de la cause. Parfois les traitements de rééducation orthophonique sont assez efficaces. Surtout, le simple fait de poser le diagnostic soulage souvent les parents et l'enfant. Cela peut paraître paradoxal, mais savoir qu'il y a une cause organique derrière le retard de langage déculpabilise les parents anxieux à l'idée d'avoir raté une étape ou d'avoir mal parlé à leur enfant. Et l'enfant lui-même, qui se croit bête, est soulagé d'apprendre que ce n'est pas sa faute, qu'il y a comme un petit défaut de fabrication dans son cerveau comme il y a un petit défaut de fabrication dans l'œil de son copain à lunettes. Il n'existe pas encore à proprement parler de «lunettes pour le cerveau», mais on espère – notamment grâce aux recherches en imagerie – mieux comprendre les processus normaux d'apprentissage du langage, et donc mieux comprendre également les dysfonctionnements possibles, afin de mettre au point des techniques de rééducation encore plus efficaces.

– L'idée est d'intervenir le plus tôt possible, car pour l'apprentissage du langage il y aurait une période critique, c'est cela?

– Oui. Toute cette mécanique neuronale du langage doit se mettre en place et fonctionner avant un certain âge. Après, l'enfant ne pourra plus apprendre correctement sa langue maternelle, particulièrement la syntaxe et certains éléments de grammaire comme les conjugaisons et les accords de temps en français. Quelle est la limite de cette période critique? On ne le sait pas précisément, et, bien sûr, personne ne va refaire les expériences du pharaon Psammétique Ier ou de l'empereur Frédéric II de Hohenstaufen dont a parlé Laurent Sagart. Les cas des enfants-loups ou des enfants sauvages, comme le célèbre Victor de l'Aveyron, ou celui des enfants-placards (telle Genie, une petite Américaine enfermée jusqu'à l'âge de 13 ans), ou encore celui de Gaspard Hauser, ne nous permettent pas de répondre à la question: ces enfants, coupés pendant de longues années de la communauté humaine, ont tellement souffert que l'on ne peut pas déterminer d'où vient leur problème de langage. Nul ne sait même s'ils étaient normaux à la naissance.

L'essentiel, c'est le dialogue!

– L'observation des enfants sourds donne-t-elle d'autres enseignements?

– On a des indices avec les enfants nés sourds dans une famille d'entendants. Ces enfants-là ne manquent ni d'affection ni de liens sociaux, mais s'ils n'apprennent pas une langue pendant les premières années de leur vie, que ce soit la langue des signes ou la langue de leurs parents s'ils peuvent être suffisamment bien appareillés, alors ils ne maîtriseront pas bien le langage. On connaît le cas bien documenté d'un petit Mexicain qui ne fut appareillé qu'à 12 ans, en émigrant au Canada : maintenant il parle, mais il omet les négations, accorde mal le sujet au verbe, etc. Une autre étude d'une linguiste américaine, Rachel Mayberry, généralise cette observation. Elle a comparé les performances en langue des signes américaine (ASL) chez deux catégories d'adultes sourds : les uns avaient appris une langue avec leurs parents, l'anglais dans le cas de surdités tardives ou l'ASL en cas de surdité familiale ; les autres, sourds précoces, n'avaient appris l'ASL qu'en arrivant à l'école. Eh bien ceux qui avaient bénéficié d'un contact linguistique pendant les premières années de vie, même si ce n'était pas la même langue, avaient un bien meilleur niveau que ceux qui n'avaient eu aucun apprentissage linguistique précoce du fait de leur handicap et de l'absence de « signeurs » dans leur entourage. Dans le processus d'apprentissage du langage, l'interaction entre humains *via* un système linguistique dès les premières années de vie apparaît donc primordiale.

— *Il existe donc une période critique pour l'apprentissage du langage, mais, en même temps, le cerveau fait preuve d'une plasticité étonnante : je pense à ces enfants adoptés tardivement, vers 6/8 ans, voire 12, qui oublient leur langue d'origine mais apprennent parfaitement le français.*

— Mon collègue Christophe Pallier a obtenu des résultats très intéressants sur ce sujet. Il a testé des adultes d'origine coréenne adoptés par des Français dans leur petite enfance ; certains ne sont pas arrivés en France avant l'âge de 8 ans alors qu'ils savaient évidemment déjà parler, voire lire et écrire. L'un d'eux raconte avoir conservé des souvenirs de son enfance en Corée, des odeurs notamment, mais il a totalement oublié sa langue maternelle, comme les autres participants à l'étude. Ils parlent tous français sans accent ni fautes, comme vous et moi. Plus impressionnant encore : en IRM, leur cerveau n'est pas plus activé que celui d'un Français né en France par l'écoute du coréen – comme s'ils avaient totalement substitué une langue à une autre. On ne sait même pas (l'étude reste à faire) s'ils apprendraient plus rapidement le coréen que des Français lambda. Le cerveau est donc suffisamment plastique pour remplacer une langue par une autre, même à un âge relativement avancé.

– *Cela est très étonnant : comment peut-on oublier sa propre langue maternelle et conserver des souvenirs ? Si on regarde, autour de nous, un enfant de 8 ans qui sait lire, écrire, compter, chanter, réciter des poésies, et raconter l'histoire des trois petits cochons, on imagine très mal qu'il puisse totalement effacer sa langue de sa mémoire…*

– C'est inconcevable, mais vrai ! Cela arrive probablement lorsque les liens des enfants avec leur langue maternelle sont totalement coupés : adoptés par des Français, ces Coréens n'ont plus jamais eu l'occasion d'entendre parler leur langue d'origine, qui n'est pas très répandue en France. De petits Mexicains adoptés par des Américains, par exemple, ne perdront pas complètement l'espagnol : ils entendront forcément de temps à autre parler leur langue maternelle dans la rue, à la télé, à la radio… Ce qui les empêchera d'oublier, je pense.

Dans le cerveau des bilingues

— *Peut-être même ont-ils une chance de devenir bilingues...* *Justement, comment cela se passe-t-il dans le cerveau d'un enfant bilingue? Laurent Sagart dit que le plurilinguisme est l'avenir de l'homme.*

— En France, on en fait souvent tout un plat, parce que nous sommes généralement monolingues depuis l'école de Jules Ferry. Mais le bilinguisme est une situation courante ailleurs dans le monde – en Catalogne, par exemple, pour rester à nos portes. Avec les techniques d'imagerie, il est très intéressant d'observer ce qui se passe dans le cerveau des bilingues lorsqu'ils parlent leur première langue ou leur seconde. Chez l'adulte, on voit que deux régions différentes s'activent dans la zone frontale selon qu'il parle dans une langue ou dans l'autre. Pour la compréhension du langage en revanche, on n'a pas repéré de différence visible, du moins pour l'instant, chez les «vrais» bilingues : ceux-ci semblent utiliser exactement les mêmes régions temporo-pariétales à gauche pour les deux langues. Chez les «faux» bilingues – tous ceux qui parlent une deuxième langue, mais avec plus de difficultés que leur langue maternelle –, on trouve toutes les configurations possibles, y compris une séparation totale des régions actives entre les deux langues : la langue maternelle à gauche et la deuxième langue à droite! Comme s'il existait une structure unique pour apprendre la première langue, et qu'ensuite le cerveau optait entre différentes stratégies possibles, peut-être en fonction des méthodes d'apprentissage ou de l'âge. Reste évidemment une question non résolue : les bilingues parfaits utilisent-ils les mêmes régions cérébrales gauches dans les deux langues parce qu'ils sont devenus aussi compétents dans l'une et l'autre langue, et n'ont donc plus besoin des régions accessoires, ou sont-ils parfaitement bilingues parce qu'ils ont opté dès le départ pour une stratégie efficace basée sur ces régions cérébrales gauches? On retrouve toujours l'histoire de la poule et de l'œuf.

— Vous parlez de «vrais» bilingues… Mais peut-on être absolument parfaitement bilingue? N'y a-t-il pas toujours une langue dominante?

— C'est une question à laquelle on a du mal à répondre. Les bilingues eux-mêmes hésitent souvent. Notamment parce qu'ils n'ont pas parfois le même usage de chacune des deux langues : familial, professionnel, social… Certains disent que la langue première, la vraie langue maternelle, est celle dans laquelle on profère des injures sous le coup de la colère. Pour d'autres, c'est celle dans laquelle on compte… Ce qui est vrai, c'est que certains faits mathématiques sont mémorisés dans la langue dans laquelle on les a appris. Les tables de multiplication, par exemple, sont mémorisées comme un bloc sons/sens et, même bilingue, si vous les apprenez dans une langue, la traduction ne sera pas automatique : vous devrez les réapprendre dans l'autre.

Vivent les langues!

— Et peut-on être de parfaits trilingues, voire quadrilingues? Quel est le nombre limite de langues que l'on peut apprendre?

– Il n'y a pas vraiment d'études sur le sujet. Je ne sais pas s'il y a une limite : il est de toute façon très rare de parler couramment vingt-cinq ou quarante langues. Mais les trilingues ou les quadrilingues ne sont pas exceptionnels. J'ai quand même un exemple à vous donner : mon maître Jacques Mehler, qui a longtemps dirigé le laboratoire où je travaille, parle un très grand nombre de langues (quatre couramment, et il en comprend beaucoup plus). Eh bien, dans toutes ces langues il a un léger accent et utilise pafois une syntaxe un peu curieuse ou un vocabulaire inusité. Comme si, finalement, il n'avait pas de langue maternelle !

– Cela va affoler les parents, qui ont souvent peur de perturber un enfant en lui parlant deux langues !

– C'est une erreur. Le bilinguisme n'est pas une cause de troubles du langage en soi. Bien sûr, apprendre deux langues est difficile pour les enfants qui ont déjà par ailleurs une pathologie du langage. Mais, pour tous les autres, être élevés dans deux langues ne modifiera pas les étapes de l'apprentissage, même si cela les retardera parfois légèrement. Il n'y a notamment aucun risque que le bébé mélange les deux langues, contrairement à ce que craignent souvent les parents : l'enfant aura bien deux langues séparées dans la tête. Comme s'il rangeait tout dans des boîtes distinctes : vocabulaire, système phonologique, etc. Et même si, parfois, il va utiliser un mot d'une langue pour terminer une phrase dans l'autre langue parce qu'il a un trou de vocabulaire, il saura parfaitement qu'il fait un emprunt. D'ailleurs, il utilisera toujours la langue appropriée et ne parlera pas espagnol à la voisine française... sauf pour l'embêter !

— Dans les familles bilingues, il faut donc commencer à parler les deux langues le plus tôt possible ?

— Exactement. L'âge d'apprentissage apparaît comme un facteur essentiel déterminant les performances dans la seconde langue. Plus l'apprentissage est précoce, meilleures sont les performances ! Cela ne joue pas pour tous les aspects du langage : on peut apprendre le vocabulaire à n'importe quel âge ou presque. Mais la phonétique de la langue et certaines règles de grammaire ne sont vraiment acquises qu'à condition que l'exposition à la langue soit très précoce. Même dans des langues proches : une étude menée sur des adultes bilingues espagnol-catalan a montré que les sujets d'origine espagnole ayant appris le catalan vers l'âge de 6 ans et suivi toute leur scolarité en catalan ne parvenaient pas à distinguer le « é » du « è », contrairement aux Catalans d'origine… Ce n'est pas un scoop, mais telle est la règle générale : plus jeune on apprend une deuxième langue, mieux on la maîtrisera ! La puberté semble être un vrai palier.

— Pourtant, en France, on ne commence vraiment l'apprentissage des langues étrangères qu'en sixième, vers 11 ans.

— Donc au plus mauvais moment ! Certes, on a instauré, depuis quelques années, une première approche en primaire. Mais les résultats ne me paraissent pas probants. Peut-être à cause du temps d'imprégnation : une ou deux heures par semaine, ce n'est pas assez. Le programme est aussi souvent par trop facile : on reste trop longtemps sur « My name is Brian » et les noms de couleur. Comme si, parce que l'on s'adresse à de jeunes enfants, il fallait simplifier la langue. Mais ils n'apprendront pas vraiment si on leur parle une langue simplifiée. Je le répète, une vraie langue est complexe, mais tous les enfants du monde, depuis la nuit des temps, sont préprogrammés pour assimiler cette complexité. Du moins jusqu'à un certain âge.

— *Vous pensez alors, comme Laurent Sagart, que l'avenir de l'homme est le plurilinguisme ?*

— Je ne sais pas si le plurilinguisme est l'avenir de l'homme, mais c'est en tout cas un avenir possible : nous n'avons pas besoin de muter pour maîtriser plusieurs langues. On l'a vu : les enfants sont – naturellement – très doués pour apprendre les langues ! Alors cultivons ce don !

Des mêmes auteurs

Pascal Picq

Cro-Magnon et nous
Mango-Jeunesse, 2000

La Plus Belle Histoire des animaux
(avec Jean-Pierre Digard, Boris Cyrulnik et Karine Lou Matignon)
Seuil, 2000, et Points, n° P997

La Préhistoire
Mango-Jeunesse, 2001

À la recherche de l'homme
(avec Laurent Lemire)
NIL, 2002

Aux origines de l'humanité
(sous la direction d'Yves Coppens et de Pascal Picq)
Fayard, 2001, 2 volumes

Le singe est-il le frère de l'homme ?
Le Pommier, 2002

Qu'est-ce que l'humain ?
(avec Michel Serres et Jean-Didier Vincent)
Le Pommier, 2003

Au commencement était l'homme.
De Toumaï à Cro-Magnon
Odile Jacob, 2003

Les Tigres
(avec François Savigny)
Odile Jacob, 2004

Les Premiers Outils.
Les origines de la culture
(avec Hélène Roche)
Le Pommier/La Cité des sciences, 2004

Les Grands Singes.
L'humanité au fond des yeux
(avec Dominique Lestel, Vinciane Desprêt et Chris Herzfeld)
Odile Jacob, 2005

Nouvelle Histoire de l'homme
Perrin, 2005
(Grand Prix Moron de philosophie
et d'éthique de l'Académie française, 2006)

Les Origines du langage.
Les origines de la culture
(avec Jean-Louis Dessalles et Bernard Victorri)
Le Pommier/La Cité des sciences, 2006

Lucy et l'Obscurantisme
Odile Jacob, 2007

Animaux amoureux
(avec Éric Travers)
Le Chêne, 2007

Laurent Sagart

Phonologie du dialecte hakka de Sung Him Tong
Langages croisés, 1982

Les Dialectes gan.
Études sur la phonologie et le lexique
d'un groupe de dialectes chinois
Langages croisés, 1993

The Roots of Old Chinese
Amsterdam, John Benjamins, 1999
traduction chinoise par Gong Qunhu
Shanghai, Shanghai Jiaoyu, 2004

The Peopling of East Asia
(édité par Laurent Sagart, Roger Blench et Alicia Sanchez-Mazas)
Londres, RoutledgeCurzon, 2005

Cécile Lestienne

Si Hippocrate voyait ça!
(Jean Bernard et André Langaney, avec Cécile Lestienne)
JC Lattès, 2003

RÉALISATION : PAO ÉDITIONS DU SEUIL
IMPRESSION : CORLET NUMÉRIQUE, À CONDÉ-SUR-NOIREAU
DÉPÔT LÉGAL : JANVIER 2008. N° 40667-4 (93421)
IMPRIMÉ EN FRANCE

Collection dirigée
par Dominique Simonnet

La Plus Belle Histoire du monde
(Les secrets de nos origines)
Hubert Reeves, Joël de Rosnay,
Yves Coppens et Dominique Simonnet
Seuil, 1996, et Points, n° P897

La Plus Belle Histoire de Dieu
(Qui est le Dieu de la Bible ?)
Jean Bottéro, Marc-Alain Ouaknin et Joseph Moingt
Seuil, 1997, et Points, n° P684

La Plus Belle Histoire de l'homme
(Comment la Terre devint humaine)
Jean Clottes, André Langaney,
Jean Guilaine et Dominique Simonnet
Seuil, 1998, et Points, n° P779

La Plus Belle Histoire des plantes
(Les racines de notre vie)
Jean-Marie Pelt, Marcel Mazoyer,
Théodore Monod et Jacques Girardon
Seuil, 1999, et Points, n° P999

La Plus Belle Histoire des animaux
Pascal Picq, Jean-Pierre Digard,
Boris Cyrulnik et Karine Lou Matignon
Seuil, 2000, et Points, n° P997

La Plus Belle Histoire de la Terre
André Brahic, Paul Taponnier,
Lester R. Brown et Jacques Girardon
Seuil, 2001, et Points, n° P998

...oire de l'amour
...tin, *Paul Veyne, Jacques Le Goff,*
...*n Corbin, Anne-Marie Sohn,*
...*Alice Ferney*
...003

...ire du bonheur
...*Delumeau et Arlette Farge*
...ts, n° P1427